徐瑾

著

从贝壳金银
到数字货币

From Shells,
Metals to
Digital Currency

A BRIEF HISTORY OF MONEY

上海人民出版社

▲ 美索不达米亚黏土板

美索不达米亚黏土板，在伊拉克南部。大约 5000 年前的早期写字板，不少内容和经济有关，可以被视为最早的货币记录。

图片来源：Photo © Wikimedia commons。

▲ 三星堆金面具

　　三星堆遗址位于四川省广汉市，属青铜时代文化遗址，年代在公元前 2800 年至公元前 1100 年。上图为新发现的黄金面具，重约 97 克，是三星堆保存最为完整的金面具。

图片来源：Photo © Wikimedia commons。

▼ 伊朗苏萨（Susa）的陶球以及陶制筹码

　　大概在公元前 3300 年，球上标志和筹码有关，被视为文字的前身，其内容主要是经济记录。

图片来源：https://sites.utexas.edu/dsb/tokens/the-evolution-of-writing/
（Courtesy Musée du Louvre, Département des AntiquitésOrientales）。

► 《汉谟拉比法典》

　　公元前 1776 年，由中东地区的古巴比伦
国王汉谟拉比颁布。这部法典被认为是最具代
表性的楔形文字法典，也是世界上现存的第一
部比较完备的成文法典。《汉谟拉比法典》原
文刻在黑色玄武岩石柱上，石柱高 2.25 米，现
保存于卢浮宫。其中不少法律都和货币有关。

▲ 莫尔德黄金披肩

公元前 1900 年至公元前 1600 年，金箔打造的
黄金斗篷，宽约 45 厘米，长 30 厘米，属于当时的
奢侈品，藏于大英博物馆。

图片来源· Photo © Wikimedia commons。

▼ 西周青铜柉禁

　　西周（公元前 1046 年至公元前 771 年）所制器具。商周均为青铜时代，周代青铜器以"禁"字，寓意禁止嗜酒。因为清代金石学家端方所藏，又被称为"端方铜禁"。现藏于美国纽约大都会艺术博物馆。

图片来源：Photo © Wikimedia。

▲ 克罗伊斯金币

克罗伊斯是吕底亚王国最后一位君主，在位时间为公元前 561 年至公元前 546 年。该国富产金矿，是地区的贸易中心，有一句谚语说，"像克罗伊斯那样富有"。

图片来源：维基，https://commons.wikimedia.org/wiki/File%3ABritish_Museum_gold_coin_of_Croesus.jpg。

▼ 奥克瑟斯马车模型

纯金打造，来自 2500 年前的古波斯帝国，展示了波斯帝国的伟大。波斯大帝居鲁士自称"万王之王"。

图片来源：Photo © Wikimedia commons。

▲ 利西马科斯银币（公元前 305 年至公元前 281 年）

　　银币上是亚历山大大帝的头像，铸币时亚历山大大帝已经病逝，下令铸币者为亚历山大部将与继任者利西马科斯。亚历山大大帝出生于公元前 356 年的马其顿王国，正好是中国战国时代秦国商鞅变法的同一年。他创建了横跨欧亚非三大洲的亚历山大帝国，为当时领土最大的帝国。

图片来源：Photo © Wikimedia commons。

▲ 楚国金郢爰

战国时代（公元前 403 年至公元前 221 年）的黄金货币，最大纵 6 厘米，最大横 7.1 厘米，面有凹窝，篆书"郢爰"阴文印记，藏于南京博物院。

一般认为战国时代楚国多金，爰即楚制一斤，约 250 克，因此楚国也是古代中国金币的发源地。

图片来源：南京博物院官网。

◄ 西汉初金饼

西汉（公元前 202 年至公元 8 年）初年作品，直径 6.4 厘米，圆饼状，刻书阴文直行（正书）一行。

汉代历史赏赐记录中多金的记录，远比后代更多。

图片来源：南京博物院官网。

不懂货币，不足以聊经济，

通过货币变迁的大转轮，透视大国文明兴衰。

不懂货币，难懂经济，

货币变迁背后，是财富与国家命运的大转轮。

货币是什么，从哪里来，又将走向何方？

名家推荐

了解货币，才能懂得经济。知道了几千年的货币史，就可以解开经济发展的奥秘。徐瑾的《货币简史》以扎实的理论基础、丰富的史料，以及通俗而有趣的语言，给了你一把解开经济之谜的钥匙。读进去，你就豁然开朗了。

——梁小民，著名经济学家、《经济学原理》译者

徐瑾"货币三部曲"的最后一部，聚焦纸币作为一种信用金融工具的诞生与演变，娓娓道出人类财富与交换媒介价值的起源、积攒与增长的种种辉煌轶事，而这些辉煌画面背后所显示的财富的脆弱性更让我们领悟历史、制度与理念的重要性。本书文笔生动，视角新颖，有强烈的历史与理论深度和现实意义。

——马德斌，牛津大学经济史教授及牛津万灵学院院士

无论是好的还是坏的货币政策，其对经济与社会的促进或破坏作用，都往往大于大多数人的认知。一个国家的民众对货币政

策的理解程度越高，该社会能规避坏的政策的可能性越高。善于用生动语言为读者解密经济学的徐瑾，这次又用丰富的历史典故、靠谱的数据、严谨的逻辑，把货币的历史、本质以及不同社会走过的弯路或获得的经验教训，都精彩地呈现给好奇、好学的读者。

——魏尚进，美国哥伦比亚大学终身教授、亚洲开发银行
原首席经济学家

徐瑾的《货币简史》一书出版得很及时。今天，虽然大家每天都在花钱，但是很少有人了解，也很少有人深究什么是货币。在过去，这不是一个问题，因为几代人用的钱都没有本质上的差异。但是今天，各种新形式的货币和支付方式不断出现，以至于大家会感到困惑，不知道该如何投资、如何维持自己的财富。在企业和政府层面，几乎所有的失败都和资金链断裂以及货币政策失败有关，因此相关的人更需要了解什么是货币，它的特点、它的历史，以少犯错误。《货币简史》一书解答了大家关于货币的各种困惑。

这本书是到目前为止最系统论述货币的通俗读本，里面讲述了每一个人该知道的有关货币的各种常识，既包括货币的本质、特点、历史和发展脉络，也包括货币政策的理论以及货币和经济、商业的关系。因此，我推荐各行各业的读者都来读读这本书。

——吴军，计算机科学家、硅谷风险投资人

目录

第1章

货币理论：一切都是货币

第 2 章

中央银行制度：银行的银行，最后贷款人

第 3 章

东西方货币简史：从金银到纸币

第 4 章

现代货币制度：从货币危机到国际货币

第 5 章

货币的未来：从现金到数字货币

结语

了解货币，把握未来

楚人有涉江者；其剑自舟中坠于水；遽契其舟曰：
"是吾剑之所从坠。"舟止；从其所契者入水求之。
舟已行矣；而剑不行；求剑若此；不亦惑乎？

——《吕氏春秋·察今》

——— 货币是不断蜕变的信任形态 ———

—— 徐瑾《货币简史》序言

朱嘉明

（经济学家、横琴数链数字金融研究院学术技术委员会主席）

2016 年，我为徐瑾撰写的《白银帝国：一部新的中国货币史》作序，题目是"中国货币史和'白银纠缠'"；2022 年，我又为徐瑾撰写的《货币王者：中央银行如何制造与救赎金融危机》作序，题目是"货币王者的时代完结"；现在，我再次为徐瑾撰写的《货币简史：从贝壳金银到数字货币》作序。相比较《白银帝国》和《货币王者》，作为徐瑾"货币三部曲"的第三本，《货币简史》观察货币的视角更为宽阔，不仅包括一般货币理论、英国央行和美联储历史、金银到纸币的演进历史，还包括现代货币制度的基本特征，以及加密数字货币的现状与未来。当我阅读完全书及思考如何开始这篇序言的时候，不免想起在《货币王者》序言所说的一段话：为徐瑾的著作写序言，是一种对智力、专业知识和文字能力的综合挑战。

我将从本书中提炼几个或具有理论价值，或涉及货币金融历史走向的历史事件，或具有现实意义的问题，作为与作者互动和与读者分享的序言。

（一）关于货币的本质就是信用

徐瑾在第一章写道："事实上，货币不仅和信用密不可分，而且货币就是信用，而信用也是货币。""货币的本质在于信用。"不仅如此，"信用这个词，就意味着货币可以无中生有"。徐瑾关于货币和信用的逻辑是对的，即信用和货币是等价的，信用是前提，货币是结果。因为信用的非物理特征，所以基于信用的货币本源于无中生有。这个看似简单的形式逻辑就是现代货币理论的基石，也是1971年尼克松切断美元和黄金的最后关系之后的现代货币体系的核心特征。从此，信用不再是民间的，机构与个人的，个人与个人的，而是政府与个人的。传统的市场和民间的信用转变为现在的政府和政治的信用。货币彻底异化，因为信用的内涵从依赖贵金属的金本位、银本位转变为国家本位。信用和政治融合。任何国家和政府，都具有天然的"印钞"权力。货币彻底演变为以国家信用背书的纸币，即所谓"法币"（fiat）。徐瑾对此有清楚的认知："我们今天这个时代，属于法币时代，也就是'法定货币'时代。简单地说，就是我们的主要货币即纸币，是国家以法律形式赋予其强制流通使用的货币，大多数经济体主要由中央银行发行货币。"货币是财富的符号，更是权力的符号。货币成为政府永无休止的"印钞"的产物。这是一种悄然的改变。100年前的德国魏玛共和国和80年前中国国民党政府的恶性通货膨胀，最终导致国家崩溃作为历史教训，影响深远。但是，在当代世界，至少从1971年到现在，这样的恶性通货膨胀已经很难发生。对于大多数国家来说，只要不发生因为政治危机引发的国家崩溃和社会瓦解的情况，即使发生再严重的通货膨胀，政府的信用货币最终都可以维持，直到通货膨胀率回落。所以，研究过去半个多世纪的货币历史，需要结合相应的政治史和国际关系史。

（二）关于当代货币扩张的必然机制

基于政府信用的现代货币，存在着持续扩张的属性。M2的增长率就是衡量货币扩张的指标。问题是，如何理解现代货币扩张的主体和机制，避免对于货币理解依然来自贵金属时代的偏见。对此，徐瑾在第一章中从三个方面作了探讨。（1）货币扩张定义。

老百姓说的"印钱",其实就是货币扩张。(2)货币扩张的主体。"在中央银行体系之外,商业银行能够创造货币。""可以说,在现代经济中,货币的扩张,主要是由银行在推动。"货币扩张的主力是商业银行。"钱更多不是央行印出来的,而是商业银行系统创造的。"或者说,"银行体系为了响应公众的贷款需求,也就是实体经济的需要,创造出更多信贷,从而间接创造更多货币。"所以,持续印钞是常态。(3)货币扩张的本质决定于货币内生性质。在现实经济中,经济体系中的收入、储蓄、投资、消费、增长等基本变量构成货币供给量需求,货币需求转化为货币扩张压力,绝非央行的主观愿望和政策性操作。在这样的过程中,必然发生来自家庭、企业和政府的信用扩张,形成微观经济和宏观经济的信用扩张叠加。所谓"货币中性"时代已经结束。

(三)关于现代货币理论(modern money theory,MMT)

近年来,在货币金融领域,现代货币理论的影响与日俱增。这是极其瞩目的现象。诞生于20世纪90年代的现代货币理论历史并不悠久,就其理论的思想渊源而言,可以追溯到凯恩斯主义、国家货币理论、内生货币理论、金融不稳定假说。如果将现代货币理论的主要思想加以归纳,包括:政府通过创造货币的方式进行支出,财政支出先于收入。政府发行债券与货币政策操作类似，可以帮助央行维持市场利率。财政政策的目标是实现充分就业。赤字无害。财政赤字货币化。主权政府在主权货币制度下不会破产。徐瑾在第一章中，对现代货币理论给予特别关注和探讨。徐瑾写道："现代货币理论的核心就是货币的国家化。"为什么现代货币理论得以形成如此影响力，徐瑾引用了他人的观点：因为该理论"反映了长期以来私人和公共货币管理之间的紧张关系。现代货币理论较传统理论的不同之处，在于该理论认为货币并非'中性'，而是受到信贷和债务需求的影响"。徐瑾看到了现代货币理论具有颠覆性的潜力。例如，"现代货币理论对于平衡预算的态度，可以说是不屑一顾的。"至于现代货币理论的未来，徐瑾写道："这一理论紧扣当下，变为现实的概率就越发加大。""可以想象，现代货币理论的野心不仅仅在于想重塑货币政策，更在于财政政策，甚至想全盘重新定位经济。"徐瑾对现代货币理论的判断是理性的。因为，真实的现实世界不是在实践现代货币理论，而是现代货币理论最接近现代货币的真实境地。诸如货币国家化，货币被国家"无中生有"，赤字货币化，货币内生化，等等，原本就是事实，只是现代货币理论正视了这样的事实，并将其纳入一个理论的框架之中而已。应该说，因为人们长期接受传统和主流货币思想，例如现代货币主义的影响，很难接受现代货币理论，以及这个理论所揭示的现实。哈耶克在1976年出版了《货币非国家化》，说明他在那个时候就已经看到了货币业已国家化的现实，只是以他的价值观和经济思想，期望回归货币的非国家化。历史证明，货币国家化不仅难以逆转，而且全方位强化。国家信用的放大就是现代法币。对于现代货币理论的最终态度，徐瑾还是相对保守的："我姑且抱以谨慎的警惕态度。"

（四）关于 2008 年全球金融危机

现代货币金融的发展，伴随着越来越频繁和深化的金融危机。进入 21 世纪之后，最大的金融危机莫过于 2008 年发源于美国的全球金融危机。徐瑾在第二章写道："2008 年全球金融危机显示出巨大的破坏性。这一次危机是全球性的。""如果说亚洲金融危机被视为亚洲模式的失败，2008 年的金融危机则被认为是美国的失败，以及新自由主义甚至资本主义的失败。"如今，此次危机已经过去了 16 年，最重要的已经不是如何描述这场危机的历史过程和直接的负面后果，而应该是全面评估此次危机对全球货币金融制度的影响和改变。（1）强化了国家和政府对于货币金融制度的监管和治理。央行独立性和货币政策的独立性，以及货币中性的时代基本终结。（2）政府的财政政策与货币政策相比较，更为强势和更为有效，甚至开始呈现财政政策主导货币政策的现象。（3）世界主要国家都先后实施了不同程度的货币量化宽松政策，央行通过多种措施增加基础货币供给，最终实现对市场注入流动性资金，最终扩大信贷规模，刺激投资和实现经济增长的目的。（4）全球范围的低利率和负利率。自 2009 年瑞典开启负利率先河，低利率和负利率风潮席卷世界，甚至出现负利率国债。进入 20 世纪 20 年代，低利率和负利率情况大为缓和，但是，低利率和负利率将会长期存在下去。简言之，2008 年的全球金融危机，彻底改变了世纪货币金融生态，最重要的结果是国家和政府可以更加名正言顺地干预货币金融制度。对于这样的结果，徐瑾说："目前来看，我们别无选择，只能选择继续信任印钞者们，但是这种信任背后并非没有疑惑，即货币政策的边界是否正在重新被定义？"应该说，完全可能。

（五）关于布雷顿森林体系和国际货币秩序

整整 80 年前的 1944 年 7 月，在美、苏、中、法等 44 个国家的 730 名代表的共同参与下，通过了《联合国货币金融会议的最后决议书》《国际货币基金组织协定》和《国际复兴开发银行协定》等文件，总称为"布雷顿森林体系"。该体系确定了以美元为中心的国际货币体系。在这个体系下，美元与黄金挂钩，其他国家货币与美元挂钩，实行可调整的固定汇率、各国货币兑换性与国际支付结算原则。这个布雷顿森林体系维系到 1971 年，之后美元切割了与黄金的挂钩关系，世界进入所谓"后布雷顿森林体系"的浮动汇率时代。但是，不论是"布雷顿森林体系"时代，还是"后布雷顿森林体系"时代，有一点是没有改变的：国际货币体系始终是美元。进入 21 世纪，特别是 2008 年全球金融危机之后，美元主导的世界货币体系，或者美元主导的世界货币秩序，也可以说是"美元霸权"，受到越来越剧烈的挑战，首先是欧元，之后是人民币。徐瑾写道："在区域货币中，欧元可以说是最成熟，也是美元之外最受欢迎的世界货币之一。""截至 2024 年，有 20 个国家使用欧元，有 3.3 亿人使用欧元，欧元间接影响到全球 4.8 亿人口，影响不可谓不广。"但是，欧元区存在货币统一和财政不统一，国家经济发展不平衡和贫富差距，以及始终存在的深度债务危机等一系列深层结构问题。伴随中国成为世界第二大经济体，人民币国际化速度加快，以人民币结算的国家和地区持续增加，人民币在世界货币秩序中的地位迅速提高。但是，人民币在全球支付中的比重相对失衡。2024 年 5 月，在基于金额统计的全球支付货币排名中，人民币是全球第四大最活跃货币，占比 4.47%。总之，因为欧元和人民币都存在自身的问题，尚不可能从根本上动摇美元的地位。至今美元地位的基本稳定，还有美国经济与世界经济的独特互动关系，徐瑾对此的分析是有价值的："美元的强弱很多时候不仅取决于美国经济的绝对状况，也取决于美国经济与世界经济之间的相对强弱。这样一来，也可以解释量化宽松出台之后美元汇率的变化：当量化宽松大规模出台之际，人们曾经预计大规模'印钞'会导致美元大规模贬值，但实际情况却没有出现美元大规模贬值，反而由于全球经济陷入困境而美元升值。""可见，美元汇率的逻辑不仅在于美国，更在于世界。"所以，徐瑾的结论是客观的："多数国家和货币都不得不与美元跌宕共舞。"改变现在的世界货币秩序和体制，还有漫长的路要走。

（六）关于加密数字货币

徐瑾在本书中，以一章的篇幅讨论数字货币，并将数字货币作为未来人类货币的一种选择。徐瑾的切入点是现金和数字货币的关系，"数字货币的对立面，首先是现金"。现金逐渐减少，数字货币相应增加，以纸币代表的现金的优势和劣势也会随之消失。所以，并非无现金的世界，就是完美的世界。"最终是否要取消现金，还是应该由民众决定。"真正重要的是，在 20 世纪 20 年代的背景之下，存在着两类不同的数字货币。第一类是经过电子货币转化的数字货币，这样的数字货币是法币的非现金形态而已。在中国，基于 BAT 平台的微信和支付宝，所支持和实现的就是数字化法币的移动支付。第二类则是基于区块链技术的加密数字货币。而加密数字货币又分为非主权加密数字货币和主权加密数字货币。比特币、以太币是非主权加密数字货币的代表。中国人民银行开发和试验的加密数字化的人民币，是主权加密数字货币。如果从 2008 年比特币诞生算起，非主权加密数字货币已经有 16 年的历史了。世界上大多数重要国家不承认非主权加密数字货币是货币，对非主权加密数字货币分为合法、非法和模糊三种立场。至于主权加密数字货币，至今没有一个国家真正完成。更需要指出的是，美国多次明确表态不会开发主权加密数字货币。尽管如此，非主权加密数字货币对传统货币体系形成了深刻冲击和挑战。比特币至少已经成为经过时间考验的数字金融资产，并且可以在纳入政府监管的情况下进行交易。特别是，稳定币概念和试验，扩展了加密数字货币的发展空间。以美国为例，Z世代和千禧一代，对加密货币表现出明显的偏好。这些年轻人中的绝大多数人认为，"加密货币和区块链技术是金融的未来"。徐瑾特别提及2019年6月脸书所发布的Libra白皮书。Libra最终没有落地，原因很多。但是，Libra的理念和技术路线还是得以传承。当下Open AI推动的世界币（Worldcoin）有着Libra的明显痕迹。

（七）关于欧洲17世纪和18世纪的金融创新

在正统的货币金融历史中，1635年至1637年期间发生在荷兰的郁金香金融危机事件，1719至1720年期间发生在法国的密西西比公司的股市危机事件，以及1720发生在英国的南海公司事件，被称为三大金融泡沫事件。根据历史学家的观点，荷兰的郁金香事件是荷兰作为欧洲金融秩序衰落的重要原因；而法国的密西西比公司事件，导致法国长期财政衰败，丧失了进入现代化的历史机遇，成为法国大革命的重要历史原因；至于南海公司对于英国的消极影响，至少持续了一百年之久。对法国的密西西比公司的股市危机事件负有责任的则是被马克思评价为既是骗子又是预言家的约翰·劳（John Law，1671—1729）。今天评价发生在三四百年前的这三个金融泡沫事件，应该不是重复过去史学家的尖锐批判，而是要发掘在当时历史条件下的金融创新特征。那是工业革命、产权规模和金融革命交叉的特殊时代。没有金融泡沫就没有泡沫中的工业革命。事实上，约翰·劳基于纸币的一揽子创新计划不仅逻辑成立，而且具有可操作性：首先在法国兴办银行，然后根据库存金银发行纸币，之后加快这些纸币流通，推动消费和生产，增加银行存款，再利用存款进行投资，赚取利润。约翰·劳的失败不是因为其纸币创新方案，而是权力导致的纸币发行量最终失控。中国西汉末期的王莽推行被后世的钱穆先生总结为"志在民生"的改制，包括多次币制改革，终以失败告终。两千多年前的中国汉代的王莽和三百多年前来自苏格兰的约翰·劳有着相同之处，那就是过早地实施了尚不具备历史条件的金融创新。

（八）关于中国纸币历史的认知

徐瑾在本书中，在较大的历史视角下，对东西方货币历史作了比较，涉及宋代的交子、明清的白银货币，以及20世纪30年代的中华民国货币制度的变革。但是，以下几个问题仍然具有继续深入探讨的价值。（1）中国货币经济和纸币经济的关系。中国的货币经济确定于战国时代，距离现在 2500 年有余。但是，中国将纸币纳入货币体系是 1000 年前的事情，其标志性事件是 1024 年 1 月宋代政府正式发行和流通官交子。在官交子之前，交子已经在民间流行多年。自此，贯彻整个宋代的纸币体系经历了交子阶段、钱引阶段和会子阶段。在真实的历史中，阶段是相对的，存在交子和钱引，钱引和会子或长或短的并存时期。（2）宋代的纸币制度是成功的，还是失败的？元朝建立，南宋覆灭之后，会子在被元朝的中统钞取代之前，还持续了若干年。如果南宋政权继续存在，政府信用就会继续存在下去，大概率事件是"东南会子"，或者其他纸币形态会继续存在下去。从大历史的角度说，宋代实施的纸币制度，不仅开启了以宋朝和金朝为主体的亚洲纸币圈，而且被证明是当时一种成功的超大规模金融创新试验。也就是说，宋代亡于政治和军事失败，而不是亡于经济崩溃，更不是亡于纸币引发的通货膨胀。（3）白银经济是"输入型"货币经济形态。宋代之后，元代和明代都试图重建纸币为核心的纸币体系，均以失败告终。自明代中期的 1436 年开始，经明代中后期和整个清代，直到中华民国建立，前后近五百年，中国所实行的是白银经济。中国白银经济的形成与发展，根源于对外贸易和美洲白银资源大规模流入中国。（4）90 年前的"法币改革"是布雷顿森林体系构想的先河。1933 年至 1935 年，中国先后实施了"废两改元"和"法币改革"。"法币改革"以美元和英镑作为储备金的设计是相当超前的,与后来的布雷顿森林体系的构想是一致的。这次"法币改革"支持了中国十四年抗日战争的大部分时期。抗战胜利之后的法币体系迅速走向失败,国民党政府试图通过"金圆券"替代法币,但回天乏术。从1945年到1949年,国民党政府经历了政治和军事的失败、政权空间和治理人口的急剧丧失,导致整个货币金融体系瓦解。对此,徐瑾是有深刻感悟的:"回顾历史,可以得到什么教训?货币和财政、军事其实不分家。"

(九)关于货币制度和货币经济研究的思想方法

至少在过去的十年至二十年,在世界范围内的货币问题的研究和讨论,从文章到书籍,近乎汗牛充栋,成为名副其实的"显学",是近现代历史上罕见的思想资源消耗。遗憾的是,相当数量的货币理论和历史的文章和书籍,更多的从货币概念和一般理论框架出发,以线性思维方式解说人类多种文化背景下的货币演变历史,期望用昨天、前天的货币现象推理今天的货币现象。这正是在货币研究领域的一种"刻舟求剑"模式。历史上的不同货币制度和货币形态都是坠落于江水中的"剑",不仅如此,江水在流淌,船的方位不断改变,人更是迭代。岂能有一以贯之的货币演变历史?真实的货币历史是,货币的演变并非完全连续和渐进的,发生过数次断裂和突变。因为第二次世界大战，金本位不可逆转的崩溃，连带白银经济的完结，导致了人类货币历史上的一次断裂和突变，所以，80 年前的布雷顿森林会议得以召开，从此法币成了全新货币制度的基础。过去的 80 年，是国家信用不断强化，基于国家信用的纸币不断膨胀的 80 年，如今已经到了过度成熟的临界点。所以，很可能再次发生新的断裂和突变。如果如此，融入人工智能的超主权加密数字货币，很可能是人类实行互惠金融的一种新选择。

在本序言的结尾，还是要感谢徐瑾的《货币简史：从贝壳金银到数字货币》。因这本书从思想、内容和结构，所力求展现的是多维和多元的货币的演变历史。仅就现在全球货币体系的分裂而言，人类的货币经济无疑处于一个关键的历史节点。这本书的结语显示了作者强烈的历史感："欢迎来到一个货币的动荡年代，这里有向下的混乱，也有向上的阶梯。"

这篇序言也是对布雷顿森林会议召开 80 年的一种纪念。

2024 年 6 月 22 日　于张北

—————— 货币是信用的游戏 ——————

万维钢

（科学作家、"得到"App《精英日课》专栏作者）

咱们"得到"读者熟悉的青年学者徐瑾老师即将出版一本新书，叫《货币简史：从贝壳金银到数字货币》，我有幸提前读到全文，以下是我写的推荐序。

这本书看似是普及金融常识，读来感觉却处处颠覆常识——我们对货币的常识性理解太落伍了。我们每天花的这个"钱"，究竟是什么东西，这里有几个观念跃迁，绝非老百姓思维。又或者说在老百姓看来，这些观念可谓"魔法师思维"。尤其是近年来出了个新学说叫"现代货币理论"，更是会让人有离经叛道之感。

但是再离经叛道，也是学术界和官方积极尝试的真东西。而老百姓思维还停留在传统观念和什么《货币战争》之类的阴谋论上面，这里有个巨大的认知鸿沟。徐瑾这本书会填补这个鸿沟，既能破除迷信，又能解放思想。这是一个特别有意思的思想旅程，我来大概梳理一下其中的观念跃迁。

老百姓花钱，大概有三个境界：

第一境界是根据家里有多少钱，决定花多少钱。钱多的可以买些奢侈品，钱少的就买点生活必需品。这听着很合理，但这是古代农业文明的思维。

第二境界是根据自己一个月挣多少钱，决定花多少钱。一个大学生刚毕业，零存款，但是她拿到一份高薪工作，她有个现金流，那么她立即就可以买些比较贵的东西。现代人评价消费能力一般看增量，而不是存量。

第三境界，则是根据你未来的偿还能力，决定现在花多少钱。这就是为什么我们可以贷款买房。

你注意到没有，我们已经从把钱视为存在家里的一堆东西，转换成视为一种能力、一种对未来的期许——严格地说，是信用。

钱的本质不是实体，而是虚构的，是信用。

对政府来说尤其如此。我以前听到一个说法，如果宏观经济学只能留下一句话，那就是"政府不是家庭"。老百姓观念再前卫也要考虑"量入为出"，而现代货币理论认为，政府无须如此。

要理解这些，咱们先从书中一个小故事说起。

＊

当初南宋抵抗元朝入侵，双方打的是一场不对称战争。蒙古骑兵南下不需要"政府"提供补给 —— 如果他们也算有政府的话。因为他们有的是来抢劫的,他们自带士气,就地补充动力。可是大宋将士不会从战争中直接获得好处,所以政府必须提供补给和赏金。当然你要是算总账,集中国家财富打赢这场战争对所有人都有好处,但问题是如何集中。

其实江南民间有巨量财富,问题是政府没钱。税收水平已经很高,普通老百姓不堪重负,可战争是个无底洞,钱怎么都不够花。

宰相贾似道不得已弄了个不是办法的办法,叫"公田法",也就是政府强制收购富户土地,变成国家财富——而政府收购用的钱,却是印出来的。这是大宋的老办法,也是世界首创。

全世界最早的纸币就是北宋发明的"交子"。打仗要花钱,花钱就增发货币,增发就贬值,贬值就没人用,没人用就再发行一种新钱。交子早已被"钱引"取代,到了贾似道这一期,新钱叫"会子""关子"。贾似道为了证明自己的公心,还自家捐了一万亩公田。

然而新钱还是摆脱不了贬值的命运,贾似道在沸腾的民怨之中坚持了十年,终于被判有罪,在戴罪途中被杀。然后就是蒙古军队灭亡南宋。

看来历史的教训是政府决不能滥发货币,对吧? 19 世纪 20 年代的德国不就是因为恶性通货膨胀才让希特勒上台的吗? 1948 年的蒋介石政权不就是因为金圆券恶性贬值失掉最后一点民心吗？这就是为什么时至今日还有人主张回归金本位，这也是中本聪创造比特币的初衷……

可如果政府就是突然很需要用钱，它该怎么办呢？我看过一部穿越小说①，回到贾似道那个年代，也只能另起炉灶，新建一个政府，趁着自己的信用还在，发行新钱……

但这个问题其实是有解的。

✳

就在贾似道强推公田法的第二年，也就是公元 1262 年，威尼斯发动了对热那亚的战争，也是政府急需用钱。但威尼斯政府没有直接印钱，而是向老百姓借债。议会通过了《债权法》，以政府未来的税收作为抵押发行公债，每年给 5% 的利息。

按古代标准，这个利率其实很低。但它胜在有政府保障，如果真能年年给也不失为一个稳妥的投资。威尼斯政府真的做到了年年给，此后百余年无论发生什么事，都未曾间断。

你看这多好？借可不是抢。既用上了民间闲散资金，又保护了经济秩序；既解决了当前的难题，又不至于让未来不堪重负。此后欧洲的战争，尤其英国，都有政府向民间借债这个

---

① 怪诞的表哥：《终宋》，起点中文网，更新时间：2023 年 6 月 1 日。

办法。

那我们是否可以得出结论：政府如果要用钱，不应该发币，而应该借款？其实也不是。借款也是某种意义上的发币，而且直接发币有时候更有效。

大宋刚刚推出交子的时候，政府也有一些超发，但民间不但不排斥，而且反应相当积极，以至于交子曾经一度升值。是后来政府遏制不住滥发的冲动，才让纸币失了人心。但如果政府管不住自己，难道借债就能保证按时还钱吗？

现实中，中国到明清两朝改为银本位，几乎彻底放弃了纸币。此举的确避免了恶性通货膨胀，但政府也失去了发币权，不能灵活影响经济。徐瑾书中指出，这是当时中国未能推动工业革命的一个重要原因。

如果政府有信用，货币可以无中生有；如果政府没信用，货币有也是无。为了理解这一点，我们需要明白货币到底是什么。

✳

以前的经济学家认为货币是交易媒介，所谓"一般等价物"，是为了解决以物易物的问题，现代经济学家已经抛弃了这个看法。你考察历史，没有任何证据说古代的人们经常以物易物。

古人的常态是把东西直接送给别人。当然为了人情往来，会留下记录作为凭证，这就是"债"。时间长了，记录债的这个东西有流通的功能，也就成了货币。

货币的本质是债，而债的本质是信用。

是贝壳、金银也好，成本极低的纸币也好，我们之所以接受，是因为我们相信大家都相信这个东西。用尤瓦尔·赫拉利在《人类简史》中的说法，货币是我们虚构出来的概念，而相信虚构的东西是我们智人的超能力。

就这么一块金属，或者仅仅是一张纸，它真正的价值是全社会的共识，是信用。

而有信用的机构是一定会超发的。很多人托你保管黄金，以至于你手里有了一千两。你知道这些人不太可能同时找你提取这些金子，于是你可以把一部分金子暂时借出去。你甚至可以印制一种叫作代金券的票据，让人们用着更方便。而只要任何人给你代金券，你保证给人家兑换成真金，你的代金券就有足够的信用。很快你就发现，你完全可以印制比手里的真金多得多的代金券。

再进一步，甚至连最初的黄金都不需要。只要人们能相信你那个代金券的价值，你无须拥有黄金，也无须给人兑换黄金。现代国家就是这样发币的。

可能有人会说，这是无中生有，不等于抢钱吗？但是咱们仔细考察一下其中的社会效益。

这里有一座矿山，里面是大自然免费送给人类的铁矿石。开发这个矿山需要耗费劳动，但你得到的远远超过付出的，于是你想干。可是你没有钱买机器设备。这时候如果有个机构拿出几张代金券来，说这是我零成本印制的，但别担心，人人都相信它的价值，你拿着就能买到机器。你果然用它买到了机器，开发了矿山，赚了钱，还上了最初的代金券。你说这有啥不好呢？

中国古代往往就是因为流通的货币不够，让很多本该开办的事业没有开办起来。超发货币只要用在真项目上，只要确保信用不失，就能促进经济增长，而且不会引发通货膨胀。

＊

以前可不只是政府可以发行货币。银行、钱庄，包括个人都可以发币。在中国西汉时期，只要你掌握一个铜矿，就可以自己铸币，有人愿意用就行，而且一度私人的币比中央政府的币更受欢迎。

徐瑾这本书的一个观点是，其实现在，本质上，发币的大头主体也是商业银行，而不是中央银行。这是因为贷款。

前面那个矿山故事中，你可能会问，为什么非得发币呢？去申请贷款不行吗？是的，常规的操作是贷款，但贷款也是发币。

首先如果货币必须是金银之类的实体，那个贷款你是拿不到的，古人都喜欢把金银埋在后院永远不用，没有那么方便拿出来借给你。贷款，必须是靠着信用无中生有的钱，才好用。

一家商业银行手里有 100 万的存款，根据"部分准备金制度"的规定，它只需要留下比如说 10 万不动，把其余 90 万贷出去。别人拿到这 90 万贷款也不会放家里，而是存入其他银行，这就多了 90 万存款。那些银行收到存款，照例只留 10% 不动，其余 81 万再贷出去，又变成 81 万存款……以此类推，如果准备金的规定是 10%，最初的 100 万可以变成 1000 万的存款总额。①

这还只是传统教科书的说法。现在更新的看法是银行根本不必等待存款来发放贷款：只要达成贷款协议，存款立即在某个账号增加，不需要一个储户"拿着钱"出去找银行。

所以徐瑾说，不是存款制造贷款，而是贷款制造存款。社会广义货币，也就是 M2，其实是由各个商业银行的贷款决定的——中央银行的作用很小。

货币不但可以无中生有，而且应该无中生有。

这就引出了那个特别前卫的思想：现代货币理论。

✳

现代货币理论认为政府发多少币、花多少钱，跟它的财政收

---

① 这是一个无穷级数求和问题，最终货币乘数等于准备金率的倒数。

入不一定非得有必然的关系。政府不需要量入为出。

政府发币是把政府的信用变成老百姓的资产。只要你发的钱没有导致通货膨胀，就说明它是被用在了像开矿那样的新事业上，那你就可以继续多发。你不但没有扰乱经济秩序，而且促进了经济的循环。所以赤字不是问题。

现实是很多经济学家认为，每年2%的通货膨胀率不但是可以接受的，而且是比较理想的，甚至是必要的。有点通货膨胀老百姓才愿意花钱。相比于通货膨胀，我们更怕的是通货紧缩：如果钱越来越值钱，人们就会把钱埋在后院而不出来兴办事业，经济就完了。

传统观点认为政府的税收是用来花费的，所以要平衡预算。激进一点的观点认为税收是用来偿还债务利息的，只要能借到钱就好。更激进的观点甚至认为税收只是一个回收货币的动作，是向社会再次确认我印的钱仍然有效：只要人们还认可你的信用，你的印钱和借钱游戏就可以继续玩下去。

现代货币理论听起来匪夷所思，所以争议很大，但似乎也不能说没有道理。如果货币的本质是信用，信用来自信心，而信心是动态的，本质上只是一个心态，那我们为什么非得把货币跟什么东西绑在一起呢？

现代金融体系就好像变戏法一样，但是这一切必须有个约束，不是政府想怎么玩就怎么玩的。

✳

为什么古代中国政府没有这么灵活的手段，在欧洲金融大发展的时代却走向了自缚手脚的银本位呢？徐瑾说，这是因为中国没有银行。

或者说，是因为古代中国政府过于强势。这里面有个反常识的道理。张维迎先生在《博弈与社会》一书里专门讲过这个道理。

比如说英国政府，之所以能借款，是因为英国有银行，而那个银行在相当程度上是独立于政府的。英国政府不是直接拿自己的信用换钱——那样可能很快就会把信用花光——而是通过银行借钱。银行对政府有个审计和监督的作用，你必须拿税收作抵押，意思是到时候要真还不上，你的税收就得给我。这对政府是个强烈的约束。

博弈论告诉我们，承诺要想可信，就必须主动允许别人约束你。

事实上，当英国立宪以后，政府受到的约束更多，它的贷款能力反而更强了，它更能集中资源去打仗。

古代中国政府，却是不接受任何约束的。中国有票号，有钱庄，但它们都不能独立于政府运行，很大程度上是借助人际关系网运行，既不可能去监督政府，也没有跟政府讨价还价的能力，没有独立的信用，跟银行不可同日而语。既然无人能对政府追责，也就没人愿意借钱给它。

这跟美联储是个私人银行是一个道理。保证银行的独立性，不能为所欲为的政府才是有信用的政府。

徐瑾老师的《货币简史》由上海人民出版社出版，你也可以关注"重要的是经济"（econhomo）公众号获得更多信息。

钱无香臭。

——罗马皇帝维斯帕先（Vespasian，公元69年—

公元79年在位）[1]

受恋爱愚弄的人，甚至还没有因钻研货币本质而受愚弄的人多。

——19世纪英国首相威廉·尤尔特·格莱斯顿（William

Ewart Gladstone，1809—1898）[2]

据闻，列宁曾说过这样一句话，要摧毁资本主义体系，最好的方式莫过于破坏它的通货。通过持续的通货膨胀，政府可以在隐蔽、不易觉察的方式下，将国民很大一部分财富予以没收。通过这种方法，政府不但可以没收国民财富，而且还可以任意地进行没收。这个过程会让许多人陷于贫困，实际上也会使有些人发财致富。

---

① 参见《罗马十二帝王传》等罗马史料。
② 参见马克思：《资本论》（第1卷），人民出版社1972年版，第17页。

——宏观经济学鼻祖约翰·梅纳德·凯恩斯（John Maynard Keynes，1883—1946）[1]

我一直认为，理想的经济学是数据、逻辑与历史三者的结合，而理想的经济史研究，则应该是在理解数据的历史背景的前提下，始终抱有疑问，探寻真正的逻辑。

——"货币三部曲"作者徐瑾

一直困惑于我手里的这张纸，它来自哪里，有什么意义，如何对应商品与服务，如何决定很多人的命运。

——微信公众号"徐瑾经济人"读者

---

[1] 参见凯恩斯所著《劝说集》中《通货膨胀（1919）》一节，李井奎译，中国人民大学出版社 2016 年版。

前言：站在货币高处，重新理解历史

货币是什么？仅仅是钱么？各个金融机构口中拗口的专业名词，如 M0、M1、M2、社会融资等，究竟是什么？

这些词听起来很高大上，似乎和日常生活关系不大，但是在现实中，货币的力量无处不在。比如，钱不值钱的感觉，感受到"钱发毛了"或者"货币超发"。又或者，如不少主流经济学家所言，货币只是一个等价符号，只是实体经济的面纱？更有甚者，"货币战争"主题的书籍成为畅销书，让它的读者觉得货币既神秘又邪恶，是各种利益集团翻云覆雨的武器。

当下，货币正位于变革路口，比特币已经成为不容忽视的数字资产。越来越多人在谈论投资数字货币，不少大公司都在发币，从脸书公司（Facebook）推出的天枰币（Libra）到如今 ChatGPT 之父萨姆·奥尔特曼（Sam Altman）推出的世界币（Worldcoin），再到支付巨头 PayPal 在 2023 年 8 月推出的美元计价稳定币 PayPal USD（PYUSD），后者被认为是大型传统金融公司第一次推出的稳定币。不仅如此，各国的中央银行也都在争先恐后地发行数字货币。曾经一度人人喊打的区块链，又变为国内重点产业政策的扶持对象，更成为新加坡与中国香港等经济体竞争角力的重点。

往前看，不少失败国家的故事中，都有货币的影子。大国政经博弈和个人资产起落，都少不了货币穿针引线。从古到今，货币到底扮演了什么角色？货币和你我，有什么关系？货币的未来是什么，如何在变动的时代，学习掌握货币的趋势？这些都将是本书要探讨的主题。

这些主题为什么重要？

首先，要搞懂财富，离不开货币。钱不是万能的，但没有钱是万万不能的。货币很重要，和我们每个人都有关系。无论有钱没钱，爱钱憎钱，我们对货币的兴趣始终不曾消退。就像有读者朋友在微信公众号"徐瑾经济人"的社群里对我说："一直困惑我手里的这张纸，它来自哪里，有什么意义，如何对应商品与服务，如何决定很多人的命运。"这个问题，代表了多数人的困惑。在现代世界中，货币，无处不在。

其次，要搞懂经济，离不开货币。货币和经济有密不可分的联系。现代经济是一个信贷经济，它应被视为实体经济与金融机制之间互动的现象。事实上，我们日常接触的财经话题中，起码五成以上与货币有关。可以说，货币和你我的命运紧密相连，小到个人贷款，大到理解国家文明兴衰趋势，都离不开货币。遗憾的是，传统经济学对货币重视不足，民间普及往往有太多外行昏话和阴谋论。因此，关于货币，不少问题与常识有待被澄清。

最后，要搞懂世界，离不开货币。货币的问题，与经济政治现实常常联系在一起。比如物价往往与金融相联系，联结两者的关键在于货币。列宁就曾经说过，"毁灭一个社会的最有效的方法是毁灭其货币"。也正因此，理解政治与经济的核心，其实就是理解货币。货币是经济的血脉，也是国家命运的大转轮。

既然货币如此重要，那么要了解它该如何入手？要搞懂货币，不容易。从经济到政治，从实体到金融，从国内到国外，从现实到历史，都有货币的影子。甚至，关于货币，似乎只有一个原则正确，那就是没有任何原则可以永远正确。要理解货币，就必须去除噪声与误解，进入货币的历史长河中，寻找货币演变的真正逻辑。

货币问题从来都是大问题，也是困难问题，颠倒无数众生。马克思也曾引用过一句俏皮话，是19世纪英国国会议员格莱斯顿的名言——"受恋爱愚弄的人，甚至还没有因钻研货币本质而受愚弄的人多"。

货币主义大师米尔顿·弗里德曼（Milton Friedman）有一个很美的比喻，货币理论就像一座日本式花园——"花园的整体美来自花园的多样性；表面的简单之中隐藏着复杂的实体；如果从不同的角度进行观察，在简单与复杂两个方面，都有让人欣赏的独立东西"。①他承认，即使对这些东西有了充分的认识，也只不过是对整体的部分了解罢了。所以，面对货币理论，我们不妨谦卑一点，听听不同的声音。

但是你也要明白，货币虽然神秘，但是并非不可理解。货币和衣食住行密切相关，所以货币实践丰富，远远超过理论和教科书上的干巴巴的总结。在历史中，人类已经进行了很多探索和实验。

这是我想写一本老少咸宜的有关货币的书籍的原因。我在英国《金融时报》中文网（FT中文网）工作多年，关注经济多年，最后发现，要谈经济甚至政治，都绕不开货币。货币非常重要，却常常被忽视。我这些年的写作和思考，也多与货币有关。这是我很熟悉的领域，毕竟我的几本书都与这个主题有关，我一直力图呈现给大家一个关于货币的整体框架。

在我"货币三部曲"的写作架构中，第一部是《货币王者》，关注货币的最大玩家也就是中央银行的诞生与作用，尤其是中央银行与金融危机的复杂互动关系——中央银行往往会制造金融危机，也会救赎金融危机。第二部是大家熟悉的《白银帝国》，看起来是写白银在中国上千年的货币化过程，其实写的就是中国货币史，或者说通过货币审视中国经济在历史中如何循环往复与艰难迭代的故事。如今，《印钞者》已经出了韩文版，《货币王者》的

---

① 米尔顿·弗里德曼：《货币的祸害》，安佳译，商务印书馆2006年版。

英文版已经在计划之中，而《白银帝国》则被耶鲁大学出版社推出了全球英文版。历史学家黄仁宇，他年过六十终于出版了第一本书《万历十五年》，就是耶鲁大学出版社出版的。众所周知，海外的著名大学出版社出版图书，不仅要看内容、主题、作者，同时往往也要考量学术水平，所以《白银帝国》能够在耶鲁大学出版社推出，可以说也是对于我对中国货币研究的认可。

作为"货币三部曲"中的第三部《货币简史》，我希望让大家可以简洁明快地搞懂货币。你可能会问，为什么要写这样一本书？一个原因是《货币王者》与《白银帝国》分别聚焦西方和东方，而从逻辑上讲，第三部自然是要回归货币本身。另一个原因是，《货币王者》与《白银帝国》的篇幅均不小，多少属于大部头，有读者一直反馈希望有更适合普通人甚至"小白"的货币读物，这就是《货币简史》诞生的原因。在这本书中，我希望能更深入浅出地谈谈货币是什么，从哪里来，又将走向何方？

在过去，一直有不少朋友与机构希望我谈谈货币，不过我认为，货币很复杂，要一次性讲清楚比较难，所以搁置了这个计划。但看到很多容易引人误会的内容在市面上流行，加上读者的一再要求，我想是时候写一本专门讲货币的书了，讲清楚一些基本常识，抛开一些累赘的专业名词，直达货币的本质。

回到本书的根本问题，为什么那张纸（货币）决定了人类命运？我的答案是，这张纸支持着人际合作关系的延展。货币给人以力量，让企业家（广义上的企业家）有机会、有能力去实现资源的整合、合作网络的搭建，从而拓展了人际合作关系，而所有的技术进步、流程改善、经济发展不过是这一拓展的副产品。

然而，货币要具备这样的力量，不得不走过艰难曲折的历史。从一开始，货币只是一种关于"我欠你"或"你欠我"的记录，久而久之，当这种记录可以被一种难以被伪造、难以被复制的"东西"来固化的时候，欠条就成了货币。此时，历史出现了两条路径，一条路径是，上述所谓的"东西"被跨社群社会选定为贵金属，金、银及其铸币成为货币，王权无法染指；另一条路径是，上述的"东西"由王权来固定，贱金属铸币成为货币。历史证明，后一条路总是免不了王权的盗窃，致使欠条记录无法被信任，最终货币体系崩溃。

前一条路则让货币在漫长的历史时期内穿上了贵金属"紧身衣"，其数量一直无法充分匹配民间对合作网络拓展的需求，中世纪经济的停滞也与此有关。而在工业革命与现代金融诞生之后，这一件"紧身衣"也不断制造出金融危机、大萧条以及战争与独裁——直到20世纪70年代，布雷顿森林体系崩溃，"紧身衣"被最终脱去。

到了现代，货币终于回归到其本来面目——任何人，只要愿意，都有极大的可能性发行自己的货币，也就是从银行贷款。为此，现代金融体系保证了贷款违约率处于极低水平，也就是说，自愿发行的货币大致能够信守"欠条"义务。正是在这意义上，货币成为遍及社会每一个缝隙的促进力量，让企业家们有机会尝试拓展人际合作关系、有机会经历自己的成败与进化。

在"紧身衣"脱掉之后，中央银行成为信用体系与金融市场的守护者，它必须在流动性遭遇危机的时刻，履行自己"最后贷款人"的功能，让金融市场相信它们可以得到无限流动性的支持，从而避免信用内塌的正反馈循环。

基于此，在《货币简史》中，我将内容分为五大模块，期待让读者系统掌握货币的常识。我们先从货币起源出发，探索货币的源头。其中，有货币和中央银行的历史，也有大国竞争中的货币角色。再回到现实，探讨货币的实际经济作用，从中厘清通货膨胀、经济衰退与金融危机到底和货币有什么关系。

本书最后一章展望货币的未来，聊聊当下很热门的数字货币与区块链等话题。"外行看热闹，内行看门道"，我们要做的是透过现象去看看其背后的真实本质，探索正在到来的未来。通过货币的镜子，我们可以看到经济的大转轮和民族兴衰的倒影。

有些读者可能学过经济学，却发现学不懂货币，看不懂财经新闻；有些读者可能没学过经济学，觉得货币很高深，离普通人太远。家里的孩子，有的可能开始意识到钱的存在，有的也许刚刚进入高中或大学，开始意识到金钱的重要。我过去的书，虽然没有圈定读者层次，但是作为财经读物，默认会存在一定的阅读门槛，更适合大学生或者上班族阅读。但是，有时候却发现未必如此，近些年来，青少年读者对于财经知识的热爱明显增加，时不时会有家长发来和孩子一起看书听课做的笔记，看到这些少年稚嫩而不失认真的记录，我深受感动。

所以，我希望这本书，是一家人可以一起学习的有关货币的书籍。通过学习这本书，读者可以期待达到什么目标？第一，从30个维度解析货币；第二，从五大模块提炼方法论；第三，从多学科视角审视经济；第四，给读者一个理解货币的新高度。我也希望，在可能的情况下，读者能多写笔记，让货币的知识浇灌你。

在探索货币的道路上，充满趣味和未知，并且你绝不孤独。即使伟大如开创宏观经济学的大师约翰·梅纳德·凯恩斯，1930年出版《货币论》时，也不轻松，他将写作过程喻为好像在混沌的丛林中奋力找寻出路。之所以如此费力仍旧要完成，动力恰恰在于社会上货币知识的匮乏，"尽管我的研究领域已经成为全世界各所大学竞相教授的一个课程，但到目前为止，我仍然没有发现使用任何一种文字出版的论文集对存在于现代社会中的代表货币的理论和各种事实进行系统地、全面地分析和介绍"。[1] 一如既往，凯恩斯不仅给出探索，也指明了方向——他自谦地认为自己的《货币论》"远无法称得上是一本完成了的作品"，而诠释货币这类主题的最佳方法也许期待后来人，"只能通过历代学者的种种人生经验逐渐得到发现"。[2]

距离凯恩斯的感叹已经过去快100年了，他贡献了自己的人

---

[1] 参见凯恩斯所著《货币论》前言，陕西师范大学出版总社2008年版。
[2] 凯恩斯：《货币论》。

生经验来帮我们理解货币。尽管他本人已经离开半个多世纪，但是他说的情况，并没有改变。货币在日新月异，我们对于货币的理解，又迭代了几分？也许，正如他所预言的那样，每一代学者，都需要结合自己的人生经验，去探索自己所处时代的货币之路。幸而，货币之路上，我并非孤身一人，不少前辈学者与同行好友都一直热忱给予帮助，其中学者朱嘉明、韦森、刘海影的帮助更是不可不提。此外，本书的写作部分源于微信公号"徐瑾经济人"的货币训练营课程，诸多读者的反馈使我受益良多，在此一并致谢。

好了，让我们一起开始货币之旅吧。

第1章

货币理论：一切都是货币

贪财为万恶之源。

——《圣经·新约·提摩太书》

经济对象的相对性——这只能颇为艰难地在不可分割的物品交换中被认识到，因为此种交换中的任意一方似乎都拥有独立自主的价值——通过还原为一种价值公分母（gemeinsamen Wertnenner）而凸显出来，首要的价值公分母就是货币。

——西美尔（Georg Simmel，1858—1918）[①]

为什么我的右手不能给我的左手钱？我的右手可以把钱放在我的左手。我的右手可以写赠与契约，我的左手可以写收据。但是，更为进一步的结果不会是赠物的后果。当左手从右手接过钱时，我们会问："嗯，这是怎么回事？"如果一个人给自己提供语词下一个私人定义，同样的问题也可以被问及；我的意思是，如果他对自己说出这个语词，并且同时把注意力集中于一种感觉。

——哲学家路德维希·约瑟夫·约翰·维特根斯坦

[①] 西美尔又译作齐美尔，参见《货币哲学》第一章第三节，陈戎女等译，华夏出版社 2018 年版。

（Ludwig Josef Johann Wittgenstein，1889—1951）①

　　某种类型的资本主义是一直存在的，古巴比伦就是一个证明，那里有银行家、从事远程贸易的商人和各种各样的信贷工具，比如汇票、期票、支票等等。在某种意义上，资本主义的历史"从汉谟拉比（Hammourabi）一直延伸到洛克菲勒"。

　　　　　　　　　——法国年鉴学派历史学者费尔南·布罗代尔

（Fernand Braudel，1902—1985）②

债〔債〕(zhài)

　　① 欠款。如：讨债；还债。《史记·孟尝君列传》："宜可令收债。"

　　② 租赁；借债。《穆天子传》卷三："债车受载。"《管子·问》："问邑之贫人债而食者几何家？"

　　③ 民法上指按照合同的约定或者法律的规定，在当事人之间产生的特定的权利和义务关系。享有权利的人是债权人，负有义务的人是债务人。

　　　　　　　　　　　　　　　　——《大辞海》(语词卷) ③

_____

① 参见《维特根斯坦精选集》哲学研究卷，方义译，海南出版社 2022 年版。
② 参见费尔南·布罗代尔：《文明史：人类五千年文明的传承与交流》，中信出版社 2017 年版。
③ 参见夏征农、陈至立主编：《大辞海》(语词卷)，上海辞书出版社 2015 年版。

货币：钱是什么

这一节我们开始货币的旅途。要开始这个旅程，必须知道起点和终点是什么，那么第一站，我们必须谈谈一个基本点，那就是货币的定义，理解货币为何？

说起货币，有人可能会说，不就是钱嘛。其实从功能而言，货币远比钱复杂，教科书上一般有价值尺度、流动手段、支付手段、价值储存等功能，也有人总结了通用性、耐用性、便捷性等。对一般人而言，货币既熟悉又陌生。一方面，货币就是你每天都在用的钱，但另一方面，钱或者现金，其实不等于货币。确实，即使我们每天都在和货币打交道，货币还是足够难理解，微信公众号"徐瑾经济人"的一名社群朋友，就曾不无困惑地如是发问："我一直困惑我手里的这张纸，它来自哪里，有什么意义，如何对应商品与服务，如何决定很多人的命运。"更不用说，在数字货币时代，也许完全不需要纸，轻松敲几下键盘，甚至一行代码，货币就凭空出现了。

我们常说货币是万恶之源，其实货币是经济运转的必需品。古老的《圣经》中说"贪财为万恶之源"，可见货币只是工具。在荒唐的罗马皇帝尼禄一番折腾之后，朱里亚·克劳狄王朝至此终结，弗拉维王朝的第一任皇帝维斯帕先为了挽救帝国财政，不惜对尿液征税——因为尿液含有氨，可以清洁衣物，是当时漂洗行业必不可少的原料。面对儿子的嫌弃，他抓起一把钱，叫嚷着说"钱没有臭味"，后人也将这句话引申为"钱没有香臭"。①

无论香臭，货币的味道，让人欲罢不能。尽管理解货币有困难，却并不影响大众对于货币的好奇与探究。中国人也不例外。改革开放以来，经过40多年的经济发展与金融深化，我们都很渴望了解货币。可以说，中国民间对于经济知识的渴求，多少也投射到对于货币的集体关注之上。其中，一部名为《货币》的纪录片，算得上国人创作的佳品。这个纪录片导演李成才，是我的朋友，他应该是国内最好的财经类纪录片导演之一。这部纪录片的开头，就不失文艺性地给货币下定义，问货币到底是什么？"她是美索不达米亚平原上的泥板，她是黄河远古文明用于交易的贝壳，她是小亚细亚吕底亚王国的黄金，她是意大利佛罗伦萨古老银行家族的徽章。她是欲望的载体，她是交换的工具，她是我们最熟悉的，却也是最陌生的——她，就是货币。"

确实，从泥板到香烟，从贝壳到胡椒，从金银到石头，世界上无数东西曾经作为货币出现。意大利经济史学者卡洛·M.奇波拉（Carlo M. Cipolla）就指出中世纪食物支付比例之高，谷物、

---

① 参见《罗马十二帝王传》《罗马元老院与人民：一部古罗马史》等罗马史料。

鸡蛋、葡萄酒、布料、香料甚至劳动都可以用来偿还债务。即使"交易手段"有时候是钱币（coin），但这也不过是数百种可能交易手段的一种，食品、香料、布料、珠宝、动物等"可欲的商品"（merce placibile）都可以被视为潜在的交易手段，或者说，货币。"对当时的欧洲人来说，钱币在很多方面并不比其他商品更能算作货币。"[①]伴随着经济的进步，灵活的货币的优势逐步凸显，最终勾连了整个欧洲。货币与"围绕欧洲的海岸线、纵横交错的河道以及运输和驮畜通道构成的活跃的流通"，使得欧洲成为一个物质和地理整体。[②]

也正因此，学者阿莉西亚·希门尼斯（Alicia Jiménez）强调，货币几乎可以由一个特定的社会所认同的任何物品来代表，她列举了人类历史中的不同情形——在公元前 3000 年的埃及和美索不达米亚，货币是金银条；在公元 11—17 世纪的东南亚，货币又是铸锭，而在大家熟悉的宋朝，货币又化身纸币；当然，货币在 19 世纪，也可以是埃塞俄比亚的盐币或者新不列颠的坦布贝壳，或者所罗门群岛的羽毛。[③]

换言之，货币是万物，货币是象征。所以，货币到底是什

---

① 参见卡洛·M. 奇波拉：《地中海世界的货币、价格与文明：5—17 世纪》前言，宁凡译，上海书店出版社 2023 年版。

② 参见费尔南·布罗代尔：《文明史：人类五千年文明的传承与交流》，常绍民等译，中信出版集团 2017 年版。

③ 参见比尔·莫勒主编，斯特凡·克姆尼切克编：《货币文化史 I：希腊罗马时期钱币的诞生与权力象征》第六章，侯宇译，文汇出版社 2022 年版。

么，这个问题不简单，不仅令人着迷，而且有各种不同的答案。以至于文笔出众的经济学大师约翰·肯尼思·加尔布雷思（John Kenneth Galbraith）曾经调侃说，所有对于这一问题的答案都"矛盾百出"。事实上，货币不仅和富人有关，也关系穷人，不仅能操纵个人的命运，也可以主宰国家的前途。货币是人造的神迹，也是世界的隐形血脉。金融的实质在于货币的流转，与文明传承共舞。

要回答货币是什么，我们可能需要借助历史，去看看货币的起源。《说文解字》如此解读货币的起源："古者货贝而宝龟，周而有泉，至秦废贝行钱。"意思是，古代把贝壳当货币，以乌龟为宝物，而大家知道殷商因为用乌龟壳占卜，所以珍视乌龟；周代又把货币叫作"泉"，显然寓意货币如水流动，后代也有用"泉货"代表货币。到了秦朝，就发行金属铸造的钱币而不再用贝壳。无论是贝壳还是泉，都暗示货币或多或少依赖于流动，这点很有意义。不得不补充的一点是，与货币密切相关的"金融"这个词是很晚近才出现的，迟至晚清才诞生，最早来自明治时代的日语，有"金钱融通"的意思。

可见，中国的老祖宗其实很机智，很早就认识到货币对国计民生的重要意义。汉代的《汉书·食货志》就已经这样说了，"《洪范》八政，一曰食，二曰货"。其中的货，就是货币。"货谓布帛可衣，及金刀龟贝所以分财布利通有无者也。"古人很早就意识到，货币是生民之本。而"富民之本，在于食货""厥初生民，食货惟先"等说法，在历朝历代文献之中也屡见不鲜。

可见，从古到今，货币一直存在，不仅今天有，过去也有。国学大师钱穆强调货币对于中国古代社会的重要性，"城乡如何联络，农商如何交流是一大问题，其中货币起了重要作用。中国早期的货币是黄金与钱币，至清代一直盛行"。其实黄金在市面流通并不多见。按照经济学家千家驹的看法，货币的货与币是两种东西。《周礼》中有九贡，货贡指珠贝，币贡指皮帛，而这些物件在不同时间都曾作为货币流行过。从货的古老写法来看，货币被认为是"北"和"贝"的组合，而贝在不同文明中都曾被认为是早期货币的始祖。所以，货这一造字还是比较形象的，正如《说文解字》也说："货者，化也。变化反易之物。"

到了现代，经济学家对货币功能的定义通常有三种：交易媒介、价值尺度和价值储藏手段。最多再加上一个支付清算。基本上，所有的经济学教科书都把交易媒介定义为货币最重要的功能。甚至经济学家讲述货币故事时，绝大多数都会以想象的以物易物的世界作为开头，比如，你给我一个土豆，我给你一个钱币。

看起来，无论中国古人的造字，还是后代的教科书，都在说同一件事且暗示了一个普遍的认知，那就是货币起源于交换。经济学鼻祖亚当·斯密（Adam Smith），也持这样的观点。他认为，货币是以物易物的一种简化，尤其是金银等贵金属。他曾经这样说："假如他用以交易的物品，不是牲畜，而是金属，他的问题就容易解决了，他可只按照他目前的需要，分割相当分量的金属，来购买价值相当的物品。"①

可以说，亚当·斯密开启了经济学研究的一个传统，那就是认为货币起源于以物易物。之后，不少经济学家以及教科书，都言之凿凿地断言交易行为发生之后，必然产生货币。这一观点看似正统，却也引发了一些争议，即人类的交易行为如何起源？是否一开始就是以物易物的方式呢？这种看法很符合逻辑，但是否符合现实呢？

中国历史上记载的交换很早，最早可见于神农氏时期。《周易》中记载："日中为市，致天下之民，聚天下之货，交易而退，各得其所。"这种行为，是一种交换还是一种馈赠呢？货币在其中起多少作用？对此，人类学家可能并不同意经济学家的观点。他们认为，最先出现的是一种近乎礼物的馈赠。比如，美国人类学家大卫·格雷伯（David Graeber），曾对于各种大家习以为常的货币源于交换的故事，提出过一个问题，他认为这些故事都不像真的，"对于一个正常人来说，他怎么会愿意在这样的地方开办一家杂货店？他如何进货？如何安排这个幻想故事发生的时间以及地点：我们在讨论穴居人、太平洋岛民，还是美国的边疆居民？"②

类似地，日本文化学者松冈正刚也考据指出，"币"字最基本

① 亚当·斯密：《国富论》，郭大力，王亚南译，商务印书馆 2014 年版。
② 参见大卫·格雷伯：《债：5000 年债务史（增订典藏版）》，中信出版社 2021 年版。

内涵就是对神明的供奉之物，所以不仅大米、酒、鱼肉、衣服等贡品可以被当作"币"，而且包裹这些物品的布与树枝也被当作货币，甚至直接演变为用象征意义的货币来供奉，"布也逐渐演变成了纸，到了最后，就只剩下用具有象征意义的币帛来供奉神灵"。[①]在印度古典交易之中，也出现类似的理念，《百道梵书》就说过，"每个人都背负着债务降生——神明、圣人、父辈和其他人都是债主"。

从人际关系的馈赠到人神之间的献祭还债，这些行为都不能简单地等同于物物交换，而是更接近于"债"。经济学关于货币最早源于交易的论点，可能并不符合现实。剑桥大学卡罗琳·汉弗里（Caroline Humphrey，1985）的研究，也指出一个关键，"从来没有人描述过纯粹的以物易物经济的例子，更不用说货币从中诞生的过程"。[②]

这么说来，即使是经济学鼻祖，亚当·斯密的论断也未必全都准确。对比之下，货币主义大师米尔顿·弗里德曼就比较善于讲故事。他引用了一个人类学案例，以最形象的方法，来说明什么是货币。太平洋上有一个小岛，人口只有5 000人到6 000人，叫雅浦岛（Yap）。岛上没有金属，唯一的资源就是石头，在消费中他们支付石轮——一种当地人叫作费（Fei）的媒介。费是什么

---

① 参见松冈正刚：《日本文化核心》，萨企译，岳麓书社 2023 年版。
② 参见大卫·格雷伯：《债：5000 年债务史（增订典藏版）》，中信出版社 2021 年版。

呢？来自离雅浦岛 400 里的另外一个岛上，是石灰石。[①]

我的天，你知道直径和成人身高差不多的石灰石可不轻。所以，交易结束之后，人们往往不移动笨重的"费"，而让它留在原处。甚至，费上连标志也懒得做。据说，岛上某家人，曾经试图运回非常巨大的"费"，但是却在靠岸时候，一不小心，使其沉入海底。你可能觉得，这可惨了，万贯家财就这样毁于一旦。但是，这件事偏偏对那家人没什么影响，当地人依然认为他们拥有那块"费"。而这家人呢，据说还是被认为岛上最富有的人。

大部分现代世界的人，听完这个岛上的人有这样的行径，第一印象都会认为这个小岛的人很奇怪，甚至可以说是愚蠢或者落后。但是通过这个故事，我们可以反思的一点是，小岛居民的行为恰恰和都市人群没多大区别。他们的行为只是更生动地揭示了货币的本质，那就是信用；别人觉得你有，你就有，哪怕你没有。所以，货币的本质，就是大家基于信用共同并普遍接受的交易媒介。换句话说，一个地方或一个国家的货币体系的基础，也许在当地人眼中看起来理所当然，但是在别的国家或者在其他人的观念中，这说不定很荒诞，甚至就只能看作一个故事而已。

种种关于货币的相对讨论，谁对谁错可能都难以断言，这些讨论都扩展了人类知识与智力探索的边界。我认为，对于货币的理解，从人类学的角度出发可能比经济学的角度更正确。那就是，

---

① 参见米尔顿·弗里德曼：《货币的祸害》。

货币起源于馈赠，而不是交换。在人类历史的起始阶段，人们并不易货，而是互相馈赠，有时以进贡的形式，有时会在晚些时候得到回赠，有时则是纯粹的礼物。在熟人环境中媒介是信用，而货币的本质进一步也可以归结于欠条。换言之，货币最大的本质是信用，可以视为一种合约安排。

在公元前 3000 年甚至更早的时代，美索不达米亚人就用陶制筹码来记录各类合约。这不仅揭示了人类在 5000 年前就有了金融安排，更揭示了货币价值正是基于共同体的信用认同。共同体有大有小，大到一国一大陆，小到一个公司甚至一个小群体，虽某一社会货币体系的基础在另一种社会看来很可能完全虚妄，即甲之重金，很可能就是乙眼中的废物，而人们彼此都愿意为相信的一切埋单。了解货币的本质是信用之后，关于货币起源的经典说法就该有所修订。

英国作家笛福活跃在 17 世纪末与 19 世纪早期，那正是英国金融大拓展的时代，英格兰银行以及国债等制度正是在当时成立发展的。笛福不止一次谈过货币，也强调货币和信用之间的密切关系。他认为信用是货币的"小妹"，"十分有用和尽职的仆人"，"在她大姐不在的情况下，只要有她的同意，能够断定是她的盟友，这位小妹便是个好帮手；她经常补货币的一时之缺，而且就像货币本身一样，能够完全满足一切贸易的目的；只有一个附带条件，她的大姐要不停地及时安抚她，与她待在一起，让她保持好心情；只要有一丁点儿失望，她就会愁眉不展，心生倦意，一脸不高兴，她会一走了之，好久不见人影"。[①]

　　事实上，货币不仅和信用密不可分，而且货币就是信用，而信用也是货币。初听起来，有点不好理解。但是你看看身边的生活案例，其实就能理解这背后蕴含的深刻道理。小时候发压岁钱，叔叔给你 100 元，看起来是白给的，但往往你家人也需要给叔叔的小孩红包，而且大小一般差不多。到了成人世界，人情来往也是这样。今天搬家送多少，回头结婚送多少，大家心里都有本账。当人类社会从小群落发展到大社会，不同货币面对的共同体有大有小，货币的形式可能变了，但是货币的本质没变。可以说，从太平洋小岛的石灰石，到今天现金簿上的数字，其实就是"我欠你"多少的意思。人类的货币体系，正是建立在信用之上。

　　可见，我们对货币有不少误解。今天要澄清的一点，就是我们对货币最为重要的误解是什么。在传统经济学中，金融体系或者货币，仅被视为实体经济的"面纱"。甚至，还有人认为货币的作用，就是把产量转变成价值的翻译功能。这种认知显然不正确，货币的本质在于信用。

---

① 笛福：*Review*，转引自 J.G.A. 波考克：《马基雅维里时刻》，译林出版社 2013 年版。

印钞：货币是如何被印出来的

上一节我们谈到货币的本质是信用。信用这个词，就意味着货币可以无中生有。那么，我们总在谈的印钞或者印钱，究竟是怎么回事？一张张轻飘飘的纸甚至虚拟符号，如何与价值对应起来？

本书的一个方法论，讲究的是回到源头。要搞懂货币，离不开银行，而银行系统中贷款与存款的诸多运作，也使得货币可以自我创造，可以说，货币不是被"印"出来的，而是"用"出来的。

早期货币是金银这样的贵金属，而早期银行家则往往出身金匠。早在 17 世纪，欧洲出现了准备金制度，在某些地方甚至比银行出现得还早，这和金匠或者说银行家的前身密不可分。当时一个流行的惯例是，一些客户由于各种原因将金银留给金匠保管，面对那么多白花花、明晃晃的金银，信用再好的金匠们也难免心动，很快就动起了脑筋，想要让这笔钱流动起来。因为他们知道，除非遇到极端情况，否则客户不可能同时要求提取所有存款，所以他们意识到自己可以将其中的一部分金银借出去，获得高额的回报，这就是部分准备金制度的前身。

任何创新都是对于旧规则的突破。从法律角度来看，部分准备金的做法在当时甚至可能是一种灰色的欺诈行为。对此，金融记者哈特利·威瑟斯（Hartley Withers）评价说："一些精明能干的金匠提出了一个划时代的概念，即不仅将存款收据给予那些存放了金属的人，而且把存款收据给予那些来借钱的人，银行业务由此得以创立。"①

这意味着什么？那就是市场流行的金银可能比实际多得多，所以货币量也就增加了，甚至称得上是一种指数级的增长。金匠们似乎真的获得了点石成金的"钞"能力，更多人找他们借贷，金匠们因此甚至愿意为存款付出一定利息，这进一步使得他们的存款日渐增加。这样的做法随着 1704 年的《本票法》等法规确立，逐渐合法化。

早期银行家们会给存金银的客户开具收据类型的票据。随着时间推移，银行开始发行银行券。所谓银行券，也就是银行发行的票据。最开始银行券都对应着相应的贵金属，也就是纸币上的面值多少，意味着你可以拿它兑换多少贵金属。最早的纸币或者钞票，其实是银行券的一种。当银行普及，部分存款准备金制度就随之进一步普及放大，也就是说，银行可以发行超出其金银储备价值的银行券，承诺任何人都可以拿着银行券来要求兑

---

① 乔希·瑞安-柯林斯等：《货币从哪里来？》第三章，中信出版集团 2022 年版。

换，这样银行券在外人看来就等同于拥有了与金银同等的价值，从而可以在市面上流通开来。这样，存款银行与纸币就一同出现了。

很多货币单位都是来源于重量。大家知道以色列货币是谢克尔（Shekel）一词，其实这个词起源于苏美尔语，表示"称重"。在中世纪的英国，一镑货币（pound sterling）对应的就是一磅的白银（pound of silver）。再如泰国货币泰铢就是来自中国古代的重量单位"铢"，一铢等于一两的二十四分之一。

也正因此，发行之后流通的银行券，看起来是纸币甚至法币，但其对应的价值却是实打实的贵金属。比如英格兰银行在发展早期，发行 100 英镑的银行券，当时随时可以拿着银行券去银行兑换成价值 100 英镑的贵金属。

最开始，银行发行多少银行券就有多少贵金属的对应储备。准备金是金融企业为应付客户提取存款和资金清算而准备的货币资金，而存款准备金制度意味着银行日常经营只需要准备一定比例的存款准备金。这样，银行就有了更多的钱，钱也流动起来。比如银行只需有 50 元储备金，就可以放出去 100 元银行券的贷款。这个过程使得流通中的银行券比原始存款增加了一倍，其实也是一个货币扩张的过程。

后来，在存款银行之后，又出现了贷款银行。此时，不需要客户拿着金银来换银行发行的银行券，而是由银行给客户贷款，以银行券来支付贷款。这样，以客户承认欠银行债务为前提，客户拥有了可以在社会上交易流通的银行券，只要他在未来挣到钱归还给贷款银行即可。所以银行的作用很大，不仅仅是存钱这个作用，更重要的是还有放贷等功能。通过发钞放贷的过程，银行其实在创造新的货币。这一行为，对经济发展具有重要的影响。

众所周知，中央银行是一个经济体中占据主导地位的金融中心机构，我称之为"货币王者"。中央银行的存款准备金，顾名思义，是指金融机构为保证客户提取存款和资金清算需要而准备的在中央银行的存款。这一工具最早成型也是在英国，主要是因为英格兰银行的信用完善，很多中小银行自愿通过英格兰银行进行清算。至于中国，是在 1984 年才开始建立存款准备金制度。当年存款准备金率为三档，分别是企业存款 20%，农村存款 25%，储蓄存款 40%。这个比例显然过高，对银行和经济而言有所拖累，后来不断调整，迄今还没有取消。中央银行通过调整存款准备金高低，也可以来调整货币政策，经济过热了就提高存款准备金，经济下行就降低存款准备金，也就是所谓的降准，所以存款准备金至今在中国还是一个重要的货币政策工具。

我们今天这个时代，属于法币时代，也就是"法定货币"时代。简单来说，就是我们的主要货币即纸币，是国家以法律形式赋予其强制流通使用的货币，大多数经济体主要由中央银行发行货币。你可能会说，印钞嘛，就是中央银行开动印钞机，"刷刷"钞票就出来了。或者央行某个人，敲几下键盘，钱也就多了。这个，真没有那么简单。

一国货币多少，不是中央银行一家说了算。中国的中央银行就是中国人民银行，美国的中央银行就是美联储，一般每个国家的中央银行都只有一家。但是，存款贷款的商业银行，却有很多家，比如中国工商银行、中国建设银行或者各类城商行。货币总量，并不是仅仅由中央银行的发钞来决定，主要的货币实际上是由这些商业银行制造的。

也正因此，我们在用的纸币，表面看起来，都是中央银行在发行，实际情况却并非如此。货币并不仅仅是纸币，我们的货币很多时候不是表现为现金的形式，而是银行账目上的数字。有一种观点认为，中央银行只是决定了其中一部分，甚至是被动地接受。我比较赞同这种观点。为什么这样说？这个时代，其实是信贷经济的时代，也就是说银行的存款和贷款，在推动货币数量扩张。货币包括现金，也包括存款，而存款正是货币的主力。我们要理解印钞，就需要从它们入手。

过去的主流看法认为，先是储户去银行存款，银行有钱了，再去贷款给企业，这样就制造出新的贷款。这个理论叫作存款创造贷款。这种看法很主流，也很符合直观想象，但是其实不完全正确。真实情况如何？一些研究发现的，可能和我们的直觉相反。在现实中，往往是银行贷款给我们，我们通常不会以现金方式拿走，而是付给另外一家公司或者干脆存在账上暂时不使用。这样，他们的账户上或者我们的账户上，自然就会多出一部分存款——这就是贷款创造存款。这样，银行通过贷款，就可以源源不断制

▲ 西汉五铢

　　五铢币是一种中国古铜币，重五铢，上有"五铢"二字，故名。初铸于西汉汉武帝元狩五年（公元前118年），东汉、蜀汉、魏、晋、南齐、梁、陈、北魏和隋都有铸造，重量形制大小不一。唐朝武德四年（621年）废止，但五铢仍然在民间流通。五铢跨度大，是中国历史上数量最多、流通时间最久的钱币。

图片来源：维基，https://commons.wikimedia.org/w/index.php? curid=1059877。

▼ 高高在上者所赐的荣誉

　　狄奥多西一世（约346年至395年）将一份任命状递到一位官员手上。

图片来源：Courtesy of Art Resource/Academia de la Historia, Madrid, Spain. Photo © Wikimedia commons-Ángel M. Felicisimo。

▲ 霍克森胡椒瓶

　　制作于公元 4 世纪，银质，出土于英国萨福克郡。当时的英国是罗马帝国的西部边缘。这是一个胡椒瓶，形象是一个罗马贵妇，古罗马的多份食谱都记录了胡椒，而胡椒也曾经作为货币出现。

图片来源：Photo © Wikimedia。

▶ 鸠摩罗笈多一世金币

铸于公元 415 年至 450 年的古代印度，硬币上的形象是马，与古老祭祀习俗有关。

图片来源：Photo © Wikimedia。

▶ 八里尔银币

铸造于 16 世纪，是西班牙征服美洲之后铸造的。"八里尔银币"也成为首款全球货币，出现在世界各地。

图片来源：Photo © Wikimedia。

▼ 阿卜杜勒·麦立克金币

阿卜杜勒·麦立克是倭马亚王朝的第五任哈里发，该王朝是穆斯林世界的主要统治者，在古中国也被称为"白衣大食"，是阿拉伯帝国的第一个世袭王朝。金币头像可能是哈里发本人，他属于第一批生下来就信仰伊斯兰教的阿拉伯人。

图片来源：Photo © Wikimedia。

◄ 传丝公主画版

　　制作于公元 8 世纪，出土于中国新疆，藏
于大英博物馆。主角是传丝公主本人，传说中
是她把蚕、蚕茧以及桑树种带到了于阗王国，
这幅画也被认为体现了丝绸之路的影响。

图片来源：Photo © Wikimedia。

▲ 唐代浐安县庸调银饼

图片来源：Photo © Wikimedia By Gary Todd。

▶ 唐代饶州银铤

图片来源：Photo © Wikimedia By Gary Todd。

▲ 清明上河图汴京瓮城

画家张择端所作，被认为展示了北宋时期首都汴梁的日常生活和景观，体现了宋代城市生活的兴旺。

◀ 宋代银厌胜钱

藏于安徽省博物馆。

图片来源：Photo © Wikimedia By Gary Todd。

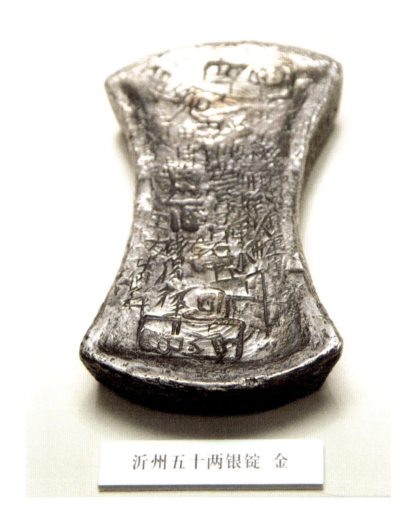

沂州五十两银锭 金

▲ 金代沂州银锭

图片来源：Photo © Wikimedia By Gary Todd。

▲ 大维德花瓶

　　大维德花瓶（David Vases），公元 1351 年烧造，来自元代的景德镇，被认为是现存最重要的青花瓷样品，藏于大英博物馆。

造出存款，也就是各种货币，无论你叫它广义货币（M2），还是社会融资总额。换言之，在中央银行体系之外，商业银行能够创造货币。①

这里面的关键是，我们是否贷款以及贷多少，决定了银行提供多少信贷，也间接注定了有多少新增货币。也正因此，银行在现代经济中的作用非常巨大。我们生活中的货币并不是中央银行或者货币政策制定出来的，而更多是由各个银行的信贷行为所决定，与银行系统的信心以及企业家庭的投资冲动等因素都息息相关。

在过去，经济学家往往认为货币是中性的，也就是对经济运行没什么影响，只是个记录价格的符号。于是，银行也就只是一个中性的机构，一个中转站而已，中央银行才能决定货币数量。在今天，很多人对于货币的认识依然来自贵金属时代，认为银行可以用存款或者印钞创造货币。其实，从上面的分析可以看出，银行的钱或者经济运行中的货币，不是印出来的，而是通过贷款源源不断地创造出来的。可以说，在现代经济中，货币的扩张，主要是由银行在推动。货币不简单，贷款不简单，银行也不简单。

过去，很多人认为，印钞票或者印钱，只是中央银行的事。

---

① 尤其推荐阅读这篇论文：孙国峰：《货币创造的逻辑形成和历史演进》，《经济研究》2019 年第 4 期。

通过上面的分析可以看出，事情没有那么简单。确实，中央银行可以控制一部分货币，但是大多数货币不是人民银行这样的中央银行印出来的，而是普通的商业银行在贷款等过程中创造出来的。

总结一下，中央银行可以发行基础货币，也就是各种纸币、硬币以及商业银行在中央银行的准备金。这部分货币在信贷世界中占比其实非常低，更多货币是商业银行里的存款，无论是贷款还是透支时候诞生的货币。以英国为例，学者统计指出，在流通货币中实物现金占比不到3%，商业银行的货币（包括信贷和共存存款）占其余的97%；他们还发现，银行创造新货币的能力与其存放在央行的准备金数量关联度很低。在金融危机期间，通过各种操作，银行每发放100英镑的信贷，实际上仅仅需1.25英镑的准备金。①

所以，老百姓说的"印钱"，其实就是货币的扩张，其主力是商业银行。钱更多不是央行印出来的，而是商业银行系统创造的。更准确地说，是银行体系为了响应公众的贷款需求，也就是实体经济的需要，创造出更多信贷，从而间接创造更多货币。

这个理论，也是货币内生理论的立场。所谓内生，其实是经济学的一个术语，指的是经济模型中的变量由模型内部因素所决定。在货币这个案例中，你可以理解为，是商业银行与中央银行

---

① 参见《货币从哪里来？》一书中的相关章节。

在追随或者响应实体经济的货币需求。早在 1931 年出版的《货币论》中，经济学家凯恩斯就指出，货币供给并不是中央银行可以自行决定的。这个思想，并不为当时的主流所重视。但是，思想总会留下火种，很多后凯恩斯主义学者发挥了这个思想。①

---

① 更多内容可参考徐瑾所著《货币王者：中央银行如何制造与救赎金融危机》（上海人民出版社 2022 年版）一书。

债务：为什么货币总闯祸

此前，我们谈了货币的本质是信用，也谈了货币的创造过程，即货币主要依靠贷款创造。可以说，货币是一种特殊的债务，债务则是尚未流通化的"货币"。货币与债务紧密相关，下面我们就集中谈谈债务。

所谓债务，就是人欠人的，公司欠公司的，表现形式是借贷。

我们前面说过，从人类学角度来看，货币起源于馈赠，或者说礼物。所谓礼尚往来，就是有来有往。在5000年前，人类就有了关于货币的各种记录。"我给你的爱写在西元前，深埋在美索不达米亚平原，几十个世纪后出土发现，泥板上的字迹依然清晰可见。"这是由方文山填词、周杰伦作曲并演唱的《爱在西元前》。事实上，古代留下的很多记录，不一定是关于爱情的，更多的是关于经济的。

在考古中，人们在西亚挖掘出不少陶制筹码，有各种形状，圆锥体、圆柱形甚至各种三角形、四角形，看起来很不起眼，类似小孩的玩具。这些筹码的大小从1厘米到3厘米不等，考古学家已经发现其中大约8 000枚筹码的年代在公元前7500年到公元前 3000 年之间。考古学家认为，陶制筹码可能表示不同物品，比如椭圆可能表示油，球形可能代表谷物，有齿的圆锥体或许是代表面包。当时美索不达米亚人就用陶制筹码来记录各种经济物品，很可能用它来作为代币，完成记账以及欠账记录等功能。

考古发现中除了筹码，还有一种叫"Bullae"的陶制球，且数量不少。Bullae 如拳头大小，内部空心，部分含有各种标志，这些标志很多和陶制筹码的看起来很类似。这些标志以及之后发展出的符号系统，涉及各类贷款合约与记账，代表从棉布、蜂蜜、绵羊到工作日的各类物品与服务，类似今天的金融合约。

学者猜测进化路径大概是这样，最早大家把这些陶制筹码收在小球里，时间久了难免嫌麻烦，可能有人建议，在小陶球上直接画出这些筹码的形状或者符号，这样就省去了筹码，直接有了记录，方便了很多。就这样，人类的经济记录就从三维实物进化到二维抽象的符号。到了公元前 3100 年左右，大家索性直接用芦苇秆在浮肿泥板上刻下这些符号，成了书写文字的前身。[1]

可见，符号是文字产生之前的过渡工具。一种推测是，这些有货币功能的符号早于文字出现，货币孕育了文字。最早的符号化记录是关于信贷的记录。

数千年之后的欧洲，长期流行一种叫作账目棍（tally sticks）

---

[1] 可以参考考古学者丹妮斯·施曼特-贝萨拉特（Denise Schmandt-Besserat）的相关研究。Schmandt-Besserat, D., 1992, *Before Writing* (2 vols), Austin, Texas: University of Texas Press.

的筹码。这种工具据说是起源于英国《大宪章》颁布之后，棍棒上有各种刻痕来记录债务。一般会一分为二以防伪，借款方保存大的部分作为凭证，用法有些类似中国的兵符等信物。"tally"在英语中同时有记账和吻合的意思，也符合其用法。账目棍最早主要用于登记交付给国王的钱款，直到19世纪，王室财政甚至英国财政部还是用这种方式记录，积累的账目棍可以说堆积如山，效率存疑。1826年，一场火灾导致很多账目棍被毁，大家才意识到需要彻底更换记录方式。①

无论美索不达米亚人的陶球还是英国的账目棍，都向我们揭示了货币与债务的密切关系。如我们前面所讲，货币的本质是信用，货币也是债，甚至可以简化为"我欠你"。从词典上对"债"字的定义，我们可以知道"债"表示欠款，也表示租赁，更可以表示一种合同的约定。

到了现代，债务不仅对应着银行信贷，也对应着实体经济。一笔借贷，不是静悄悄躺在银行账户上睡觉的数字，往往对应着实体的一笔投资、一笔支付。

债务为什么重要？人性决定了人们往往更注重当期享受。俗话说，"今朝有酒今朝醉"。结果是什么？一方面，消费者和生产者，享受债务累积的杠杆狂欢，另一方面，监管者又很忌讳债务

---

① 可以参考埃德·韦斯特：《1215：约翰王、贵族战争与〈大宪章〉》，谭齐晴译，化学工业出版社2021年版等书。

累积。比如，政府的各类文件或者口号往往表态支持实体经济，打击虚拟经济，似乎二者不一样，存在防火墙。其实，在现代社会，一切都是商业，而一切商业本质上与金融业难脱关系；实体经济与虚拟经济的关系类似肌肉与血液的关系，难分难解，"你中有我，我中有你"。

处在当下的中国，该怎么看待债务问题？你可能看过关于中国债务的新闻，也看过不少产能过剩的新闻。很多分析都没有把二者联系起来，好像债务是债务，产能是产能，实体是实体。其实，实体问题与金融问题彼此联系。

前几年，中国经济过热的时候，网上流行全球钢产量排名，第一名是中国。这些过多的产能背后，其实都是无数投资的堆积，也伴随着巨大的债务。过剩产能意味着过多的无效投资，在实体层面体现为过剩产能，在金融层面就体现为债务堆积。联系二者的，正是信贷。一笔投资如果是有效投资，债务最终会自我清算，还本付息的那天也就是债务归零的时刻；但如果一笔投资不是有效投资，债务就会不断累积，与实体层面的过剩产能彼此对应。

如果把中国看作一家体量庞大的公司，那么这就是一家发展迅速同时债务不少的公司。你可能常常听到经济不景气的说法，这时就有人说要加大投资，而这些投资，都对应着债务。可以说，债务膨胀与产能过剩互为镜像。

可见，"债"，在人类经济生活中如此重要，却一直很神秘，是隐居在货币经济下的潜流。不少研究和经验都告诉我们，经济危机爆发，在绝大多数情况下是债务危机与银行危机同时出现的。值得注意的是，在遭遇外部事件冲击或者利率冲击的时候，被掩盖的事实就会暴露出来。最典型的，就是亚洲金融危机。很多国家谴责索罗斯这样的做空者。其实这些国家的经济结构本身就有问题，才引发做空者乘虚而入。所以，要理解经济如何运作，核心难点是理解金融、理解货币，而要全面完整地理解货币，则要更新传统观念。

关于货币与债务方面比较值得关注的研究，海外有经济学家海曼·明斯基（Hyman P. Minsky）的研究，国内有学者刘海影等人的研究。明斯基的观点，之所以会受到推崇，是因为他深刻理解经济与金融的链接。在明斯基的体系中，首先强调金融危机在人类历史上的普遍性。

人类历史上，金融危机并不是什么新鲜事。美国经济学家卡门·M. 莱因哈特（Carmen M. Reinhart）与肯尼斯·罗格夫（Kenneth S. Rogoff）合著的经典著作《这次不一样？》中就聊过不少。所谓"这次不一样"，也被认为是投资中最"贵"的一句话。两位作者认为"这次不一样"综合征的本质很简单，源自人们心中一种根深蒂固的信条，"即认为金融危机是一件在别的时间、别的国家，发生在别人身上的事情，而不会发生在我们自己身上。这是因为我们做得比别人好，比别人更聪明，同时我们也从历史的错误中吸取了教训。于是我们宣称旧的估值规律已经过时。与以往历次经济繁荣之后就发生灾难性崩盘的情况不同，现在的繁荣是建立在坚实的经济基础、结构性调整、技术创新和适当政策的基础上的。事情大致就是这样"。

《这次不一样?》这本书的副标题是"八百年金融危机史",它通过历史与数据观察,揭示了危机的必然性,无论主权债务危机、银行危机、通货膨胀和货币危机,还是汇率危机都一再重复。剖析个中原因,到底是什么。其实,根本原因还是在于人性错觉易落入"繁荣的陷阱",因为无论政府、银行还是公司或消费者,繁荣时期往往会过度举债、错误投资。

政府向经济中注入大量现金,看起来是推动经济增长,但是这背后藏有风险。私营部门借钱"狂欢",很可能推高了房价和股价,使得资产价格超出了长期的可持续水平。而这些资产价格的上涨,反过来,却能使银行看上去比平时更加稳健、更能赚钱。于是,这些债务催生的繁荣,会让人产生一种错觉,那就是政府决策英明,金融机构盈利能力超凡,国家的生活水平优越。最后的结果是什么? 此类繁荣,结局往往很悲惨。

债务,在这一循环中起到了关键作用。我们总说的实体层面的产能过剩,等于是金融层面的债务累积。几年前,当时常常提及的问题包括经济运行存在下行压力、部分行业产能过剩问题严重、宏观债务水平持续上升等,三类看似独立的问题,正体现了中国经济症结的"三位一体"。

危机往往和债务有关,本质都是经济体金融体系犯下系统性错误,将错误维持了过久的时间。理解危机的核心难点,是理解货币。现代经济应被视为实体经济与金融机制之间互动的现象。债务的收缩以及扩张，正是货币的收缩和扩张，也对应着实体经济层面投资的收缩与扩张。事实上，我们日常处理的财经话题中，五成以上与货币有关，但偏偏传统经济学对货币重视不足，不少问题与常识有待澄清。

银行：挤兑破产，你的钱安全么

谈货币理论，离不开银行。此前，我们谈了货币的定义以及货币的内生性，其实已经表明，谈货币，离不开银行。有意思的是，我们前面说银行可以创造货币，好像银行开了"金手指"一样，但必须考虑到硬币的另一面，那就是银行也可能破产。

从历史上最早的记录来看，银行甚至在古巴比伦等古国就已经存在了，可以说，人类社会实践的银行运作源远流长。历史学家布罗代尔曾说，资本主义的历史堪称从汉谟拉比一直延伸到洛克菲勒，而工业革命更是使得银行成为资本主义不可忽略的一块，信贷革命和工业革命相伴而生，"随着工业化的成功，银行业和金融业迅速发展起来。它们甚至发展到了这种程度：在工业资本主义身旁，一种金融资本主义占了上风，或早或晚控制了制约经济生活的所有杠杆"。[①]

到了现代，银行更是金融的血脉或者说经济的命脉，我们在银行存钱并通过银行贷款买房、买理财产品，企业贷款融资也离

----

① 参见弗尔南·布罗代尔：《文明史》。

不开银行。在大家眼中，银行很多时候是等于保险箱一样的存在，非常安全。但是，银行一定不会倒闭吗，你的钱存放在银行一定安全吗？不一定，银行体系天生也具备脆弱性，所以有人打趣说，银行的英文"bank"和断裂的英文"rupt"是好朋友，组合起来就是破产的英文"bankrupt"。

远的不说，前些年我国也发生过某些国内的银行被接管的事件。2019年5月，包商银行股份有限公司被监管层接管了，接管期限为一年。有了中国人民银行和银监会的亲自"照顾"，存款人的存款自然不会有大风波。但是这件事，却暴露了一个信号，银行也不是百分之百安全的。毕竟这家银行在过去曾经自诩为"风险最小的城商行之一"，如今却暴露出这样巨大的问题。

这不禁让人思考，包商银行事件只是个例，还是冰山一角？2022年，河南、安徽5家村镇银行也陆续出现问题，开封新东方村镇银行、上蔡惠民村镇银行、柘城黄淮村镇银行、禹州新民生村镇银行、固镇新淮河村镇银行出现"取现难"情况。在中国银保监会的督促下，这些银行也开启分类分批垫付工作。2023年，美国又出现新一波银行暴雷潮流，美国硅谷银行、签名银行、第一共和银行、银门银行和心脏地带三州银行等银行都倒闭了。

无论是投资者还是一般储户，对于银行的风险，都需要予以更大的重视。大家一向觉得银行很安全，这种思维，本身就存在盲区。打破这种对银行的崇拜，才能真正理解金融。

银行的经营，其实在于平衡不同期限资金的需求，也就是长期、中期、短期资金的需求。你想一下，银行的噩梦是什么？那就是不同期限的存款人，都一股脑要求兑现，而且集中大量地出现这种要求。这种情况，就算是运转良好的银行也受不了，而如果是本来就有问题的银行，很可能就会倒闭破产。更重要的是，挤兑还会有传染性。你想啊，你听到邻居说，A 银行出问题，就算存款不在 A 银行，在 B 银行，你肯定会琢磨，开始担心你在 B 银行的存款，说不定就排队去领取存款了。这样一来，原本没什么大问题的 B 银行也会出现挤兑问题，整个银行系统就会出现挤兑的蔓延，最终会出现市场崩溃。

在 2008 年，美国也出现了多家银行倒闭的事件，其冲击力之强，足以引发大萧条。最终没有引发大萧条，主要在于政府及时出手遏制。按道理说，在资本主义市场经济的老巢，如果严格按照自由市场逻辑，机构要是倒闭，就应该让它们自己承担责任，这就是市场出清。也就是说，政府不应该救市，自然也不应该救银行。但是，当时美国银行业出现问题，美国政府在各种犹豫之后，最后还是站出来了。救市和不救市，都有很多理由，甚至很多人还批判说，政府应该早点站出来，如果政府救助了证券公司雷曼兄弟（Lehman Brothers），也许就没有之后的金融危机了。

救不救雷曼的理由都很充分，而当时监管者其实算处理得不错了。不过我还是想强调一下，银行和其他公司不一样，不是要倒闭就倒闭，为什么？银行倒闭，牵扯面太广，无论储户，还是公司，甚至其他银行，都可能受到影响。用经济学的术语来说，银行倒闭，外部性太大，而且是负的外部性。

美国著名大法官理查德·艾伦·波斯纳（Richard Allen Posner）对此有独到看法。他长期关注法律经济学，是这个领域的权威。他强调，在应对危机之时，应该把实用主义置于意识形态之上，也就是说，自由市场那套可以暂时不管。为什么呢？因为他认为，某些风险比如破产对于单个企业来说可以容忍，但对于一个国家来说就不一定可以容忍。在看他看来，金融市场稳定性是一个公共产品。在金融危机的时候，美国面临的风险可能不是一家大银行的倒闭，而是整个银行产业的崩溃。他批判一些自由至上主义的经济学家，"没有领会放松金融市场监管的危险，并低估了这场金融危机的风险和严重性"。

由此可见，面对银行倒闭，该出手时要出手，政府在关键时刻应该承担责任。同时，在出手时也应该避免道德风险。所谓道德风险，粗略地说，该负责的人没负责或者没有负全部应该负的责任。拿银行倒闭这件事来说，就存在道德风险：银行激进扩张，赚钱的时候，股东赚得盆满钵满；银行一旦出事，国家出手，股东不负责，这就是道德风险。

银行这类事件的道德风险特别明显，怎么办？办法也不是完全没有。其中一个办法在国际上已经实行多年，那就是存款保险制度。存款保险制度是什么？这是一种金融保障制度，或者也可以说是一个保险，就是银行这类存款机构作为投保人买的保险，在它出事的时候，存款保险机构可以直接给存款人支付部分或全部存款。这样，就可以保护存款人的利益，同时也可维护银行信用，稳定金融秩序。

没有存款保险的时代，非常可怕。回顾一下，在大萧条时期的美国，当时没有存款保险，面对挤兑，银行的应对策略往往就是拖延甚至歇业，这又会加剧恐慌的蔓延。彼时，从密苏里州到马里兰州，银行纷纷宣布休假，一家家银行关门。恐慌中的银行股价急剧下跌，没问题的银行也不能幸免，全美国 18 000 多家银行，库存现金不过 60 亿美元，却要应付 410 亿美元的提款。

但是你要注意，经济学上说任何对策都是有成本的，或者说，没有一劳永逸的解决方案。存款保险也不是没有问题，那么问题在哪里？这种制度需要银行业的集体参与和配合，但是不同机构对这个存款保险的需求是不同的。大银行倒闭风险低，中小银行倒闭风险高，有"搭便车"的嫌疑。所以，存款保险在制度设计等方面，还有很漫长的路要走，一不小心，就会成为逆向选择。

存款保险制度听起来很美，世界上也有一百多个国家实行，中国的情况如何？中国在试验多年后，于 2015 年 5 月正式推出存款保险制度。有了存款保险制度，小额存款就可以放心了，但是不等于可以高枕无忧。从包商银行和河南村镇银行的案例来看，储户在银行尤其中小银行存款，每家最好不要超过 50 万元。为什么要强调 50 万元？因为这是中国《存款保险条例》规定的上限，这意味着，你的存款如果低于 50 万元，存款保险会全额支付，一且超过 50 万元，50 万元以上的部分就不一定能保证了。这个 50 万元是怎么定出来的？主要也是根据中国多数储户的能力确定的。对比一下，现在美国在单个银行存款保险额度是 25 万美元，2008 年金融危机前，额度是 10 万美元。不过美国和中国有些不同，美国家庭很少能储存很多现金。

总之，银行有可能是靠不住的，至于其他金融机构，可能就更加靠不住了。

未来趋势：现代货币理论的狂想曲

此前介绍，货币的本质是信用，无论印钞还是银行，其实都是这种本质的衍生。不过，货币信用的边界在哪里？是不是真的可以无中生有？这是很多人思考的问题，也和当下最流行的网红理论"现代货币理论"有关。

现代货币理论来自美国经济学家 L. 兰德尔·雷（L.Randall Wray）。你可能对他不熟，他在过去长期被主流排斥，是个边缘的学者，在金融危机之后才变得主流起来。他本人对此倒不是很在意，甚至用哲学家亚瑟·叔本华（Arthur Schopenhauer）的理论来自我开解：叔本华认为，一个新事物往往要经历三段式，第一阶段，被嘲笑；第二阶段，遭到强烈反对；第三阶段，不言自明。兰德尔就认为，现代货币理论的许多内容已经进入第三阶段。确实，这一理论当下非常时髦，从监管到市场，都成为热门话题。

那么，所谓的现代货币理论（modern money theory，MMT），究竟是什么呢？在兰德尔·雷的叙述起点中，他将货币（money）定义为一般的、具有代表性的记账工具，而通货（currency）才表示各国发行的纸币、硬币以及货币储备等。最关键的是，他尤其强调三部门均衡，即本国政府、本国私有部门以及国外部门的收支平衡。以宏观经济会计学为基础，他的理论的核心要点在于，证明政府绝非像家庭或企业那样看待金钱，而所谓稳健的政府会像家庭和企业一样平衡预算的类比，在他看来是错误的。他强调，政府是货币的发行者而非使用者，"如果政府像一般家庭一样试图去调整它们的预算，那么整个经济都将处于水深火热之中"。①

正如兰德尔·雷所言，该理论的组成部分并不新鲜，尤其是关于货币定义以及货币内生的看法。但是现代货币理论体系的特点在于，整合出一套连贯的分析方法，令人耳目一新。现代货币理论的颠覆性在于，它有可能从出发点影响政策。从现代货币理论出发，很多大家习以为常的规则将没有存在的意义。比如，税收在雷的框架中很重要，但不是因政府的开支而存在，而是作为货币的驱动而存在。征税创收已经过时，税收不是为了应对政府支出，而是为了创造货币需求。这一点我们以后会再谈到。

很自然地，进一步可以推论出，政府为了满足充分就业目标，不应该顾及平衡预算。基于主权货币的视角，兰德尔·雷与自由派的观点格格不入，尤其是奥地利学派的观点。奥地利学派一直主张自由，不少人鼓吹金本位制，而哈耶克等人则呼吁"货币的非国家化"。相比之下，现代货币理论的核心就是货币的国家化，这一理念不是雷的独创。从思想上，可以追溯到货

---

① 本节与下节参考 L. 兰德尔·雷的《现代货币理论》一书。

币的名目主义，强调货币价值基于法定的理念，如德国学者克纳普（Georg Friedrich Knapp）的《货币国定论》(*The State Theory of Money*）。[1]

如何评价这一争辩？有观点认为，现代货币理论之所以变得"现代"，是因为现代货币理论反映了长期以来私人和公共货币管理之间的紧张关系。现代货币理论较传统理论的不同之处，在于该理论认为货币并非"中性"，而是受到信贷和债务需求的影响。[2]

可以想象，现代货币理论的野心不仅仅在于想重塑货币政策，更在于财政政策，甚至想全盘重新定位经济。在《白银帝国》中我也指出，国家债务是资本主义逻辑下的衍生金融品，对于国家能力运行非常重要，但没有约束国家债务导致国家悲剧的案例比比皆是，从中国宋代纸币实验失败到金圆券的溃败皆是如此，我们后面也会聊到。

对比之下，现代货币理论对于平衡预算的态度，可以说是不屑一顾的。这种态度，多少有些令人不寒而栗。作为学术讨论，思想应该没有边界，但是如果理念变为现实，即使有小概率变为灾难的可能，也应该再三思考。更为关键的是，在金融危机之后，积极财政得到更多关注。这一理论紧扣当下，变为现实的概率就

---

[1] 亦译作《国家货币理论》。中文版可以参考格奥尔格·弗里德里希·克纳普：《货币国定论》，韦森主编，李黎力译，商务印书馆 2023 年版。

[2] 代表观点可以参见比尔·莫勒主编，泰勒·C. 内尔姆斯、大卫·佩德森编，《货币文化史Ⅵ：现代数字革命与货币的未来》概论，陈佳钽译，文汇出版社 2022 年版。

越发加大。

说起兰德尔·雷，他自身的经历颇为特别。他早年就读于华盛顿大学圣路易斯分校，师从日后鼎鼎有名的美国后凯恩斯主义经济学家海曼·明斯基。明斯基这个名字，我们在前文也提过。从那个时候开始，他就开始思考货币以及宏观经济，在 1998 年出版《解读现代货币》(*Understanding Modern Money*)一书，试图从现代货币理论角度重新审视经济、财政与货币。如今他是美国密苏里州立大学堪萨斯分校经济系的教授，其研究领域为货币理论和货币政策、宏观经济学、金融不稳定性以及就业政策。

伴随着 2008 年金融危机，和他的导师明斯基一样，曾经发出预警的兰德尔·雷获得了更多的关注，他出版了《下一场全球金融危机的到来：明斯基与金融不稳定》一书。与此同时，他对于现代货币理论的思考日渐成熟，在 2012 年出版《现代货币理论入门》之后，又很快出版了更新版的《现代货币理论》。除了更新汇率机制选择、通货膨胀等讨论内容，作者也开始更多关注美国之外的案例，如从欧元区危机到中国案例。

现代货币理论并不是兰德尔·雷的独创，他自称是站在巨人的肩膀之上。除了明斯基之外，他也汲取了亚当·斯密、凯恩斯、马克思等人的思想。《现代货币理论》一书的写作定位介于专业教科书与通俗易懂的博客之间，雷也希望给没有经济学基础的读者介绍现代货币理论。

我认为，现代货币理论的兴起，姑且不论其对错，对于主流经济学可以说是一次冲击，也暴露了当下货币理论存在多种生态。主流经济学的窘况在于，其困境在内部难以完全解决，但是来自外部的批判，又很难进入内部圈子。难怪有人感叹，经济学的革新恐怕只有来自经济学之外。从这个意义上而言，兰德尔·雷是幸运的，他不仅年少就师从名师明斯基，而且等到了明斯基在金融危机之后得到认可。他采取更多学术圈外的方式来传播思想，比如，他在同事斯蒂芬妮·凯尔顿（Stephanie Kelton）运营的博客网站"新经济学动态"上发布部分内容，每周一更新，每周三晚上收集所有评论并回复。通过博客、互动等线上方式，现代货币理论即使没在主流学界激起巨大反响，在政策界以及普通读者之中却激起不少涟漪。

至于现代货币理论，多了解是值得的，但其效果，我姑且抱以谨慎的警惕态度。

税收驱动货币：财政货币化的视角

现代货币理论的要点之一，是重新定位货币与税收之间的关系。在深入讨论之前，我们先来玩一个快问快答的游戏，做个判断题。请简单回答以下几个问题是对是错。

第一，就像一个家庭一样，政府必须为其开支提供资金；

第二，税收的作用是为政府开支提供资金；

第三，联邦政府从私营部门借钱来弥补预算赤字，从而避免"印钞"的通货膨胀效应；

第四，通过预算盈余，政府能帮助降低利率，因为更多资金可用于私营部门的投资项目；

第五，持续的预算赤字将使后代承受通货膨胀和高税收的负担；

第六，目前的预算盈余将有助于建立必要的资金，以应付未来几年人口老龄化将对卫生和个人护理服务提出的要求。

这六个问题，对于受过经济学训练的人，大概其中多数问题，都肯定会回答"对"；但出题目的人，也就是现代货币理论创始人、美国经济学家兰德尔·雷，估计会一脸灿然地告诉大家，以上题目全不对，你们真是大错特错。而他的分析框架，自然是基于现代货币理论。

关于现代货币理论，可怕的地方不在于兰德尔·雷堪称偏执的主张，而在于他可能洞见了局部的真相，那就是，某些政策执行者行为背后，存在偏执的理念。

在兰德尔·雷看来，预算平衡之类的根本不重要，只是一种政策合法性的依据。打个比方，它如同大洪水一般的史前记录，时不时用来作为禁忌恐吓一下无用的官员以及无知的大众。

经济学虽然标榜价值中立，却往往因为观点会分为不同的流派。以对货币的态度而言，主张回到货币的非国家化甚至金本位制的，应该是"死硬"的奥地利学派，其大概属于"极端右派"；兰德尔·雷之流，则是主张国家可以随意创造货币，大概属于激进的"左派"。二者可谓泾渭分明。作为思想而言，这样的博弈与对峙非常有趣，但是事实上的政策建议应该怎么样，可能只能取法乎中。毕竟货币如此重要，其决定权既不能给中央银行，也不能给任何人。

兰德尔·雷的理论，更重要的一点，是直白地捅破了货币与税收之间的窗户纸。税收和货币之间，看似不相关、实际上却紧密联系的关系，就这样被暴露出来了。谈货币，其实不能不谈税收。税收和货币的关系，看起来远，其实很近。在解析税收和货币之间的关系前，可以先看看税收是如何诞生的。这方面，历史可以给我们一些启发。

中国人说，"税，租也"。联系经济学中租金的概念，所谓税收，其本质就是执政者收取的保护费。在拙著《白银帝国》中，我通过讨论中国的货币历程，指出金融财税相生相伴，财税被认为是普天之下财富的流通与再分配的源泉。在大部分时间里，财税的变迁，是隐藏在王朝更替背后的真正的历史。

可以说，雷的看似首创的税收货币一体的理论设想，其实中国人在古代已经部分实践过。比如，中国古代诞生了最早的纸币"交子"，随后几个朝代都努力以纸币代替白银，来增加朝廷财力。这些努力，最终都以失败而告终。但中国的纸币实验，可以说是失败的创新。这说明了什么？金融系统往往因国家财政需求而发展，但这往往也注定了金融系统发展的短板。

到了法币时代，货币造就的灾难更是如此。中国的纸币试验，例如金圆券，不过就是权力与市场的博弈。金融的本质是信用，正因如此，金属货币在专制制度下对于民众来说有着无可比拟的优势，而纸币只有在能保证遏制政府的贪婪之手的政治体系之中才可能成功。

回到本源，金融的本质是信用，而社会信用反过来也决定了金融系统的能量与范围，在最大程度上让金钱加快流动速度正是金融体系的主要特征。与此同时，这种信用必须依赖国家力量与市场力量的共同护持。金融的发展，也意味着信用的跨期间、跨个体的交易转让。这种交易关系，依赖于对个体权利的维护。

在雷的框架中，他强调货币作为信用索取权的特性，认为不论货币采取何种形式，都是对支付的承诺，而最基本的货币交易都有其信用基础。其中的思想源泉，我们前面说了，既有亚当·斯密和凯恩斯关于货币的理论，更关键还有克纳普的影响。

克纳普是出生于 19 世纪的德国经济学家，其著作《货币国定论》初版于 1905 年，出版之后就引发广泛讨论，其后多次再版。他主张国家和法律对于货币有决定意义，该书开篇就认为货币是法律的产物，法律产生于国家，因此货币是一种国家制度。问题在于，如果把在纸币时代或数字货币时代所有货币的权力交给国家，其结果未必美好。至少在克纳普的祖国德国，不到 20 年就尝到了货币任意发行的苦果。大家都知道德国在一战后超级通货膨胀导致的结局：一名失败的前画家兴起了，他抓住时代给予他空前的机会，将德国和世界都拖入了第二次世界大战的旋涡——他的名字就是阿道夫·希特勒。

在希勒特发家的背景中货币的地位举足轻重。一战中，德国通过发行公债为战争提供资金，而且取消了货币发行的限制，政府还通过印刷钞票建立大量军工企业，最终，流通的纸币不断增加，德国马克不断贬值，全社会陷入通货膨胀，原本作为欧洲后发强国的德国陷入了经济崩溃。德国人的价值观都崩溃了，他们陷入了"金钱的末日"——"原来一分钱一张的邮票变成了500

万马克，一个鸡蛋要 8 000 万马克，一磅肉要 32 亿马克，一磅黄油要 60 亿马克，一磅土豆要 5 000 万马克，一杯啤酒要 1.5 亿马克。物价每天都在变化，这促使民众带着大包大包的钱冲进商店去购买基本的日用品"。

据说，当时的德国储户经常收到各家银行彬彬有礼的来信，"本银行表示深深的遗憾，我们不再管理你的六万八千马克的存款，因为管理费用已经超过了存款。因此，我们将归还你的存款。又因我们没有可以处理此笔业务的小面额纸币，我们已经将您的存款数额增加到一百万马克"。更讽刺的是，这些信封上的邮票就价值 500 万马克，460 万马克才抵得上一美元。①

当德国人牺牲自己的生命和储蓄，最终换来的却是战争失败与自身破产，这对于德国中产阶层的打击可谓巨大。可以说，货币的崩溃，最终导致了社会的不稳定，也导致了德国魏玛共和国的崩溃。

历史的教训并没有走远，我们在对比货币理论尤其是主张货币国定论的观点时应该谨慎。对于国家货币理论，社会学家马克斯·韦伯曾评价指出其可能导致的通货膨胀问题，"诉诸通货膨胀有着财政上的诱惑力"②。他认为一个国家可以通过法律或者行政行动来保证某种货币类型的形式效力，但是存在前提，那就是，国

---

① 参见克劳斯·P. 费舍尔：《纳粹德国：一部新的历史》，译林出版社 2016 年版。
② 马克斯·韦伯：《经济与社会（第一卷）》，上海人民出版社 2019 年版。

家始终处在能够使用这种货币进行支付的地位上。

也正因此，国家确实可以强制发行货币，但是要保证，货币可持续保持支付，但要满足这个条件并非那么容易，因为货币天然是竞争的游戏。回过头来看现代货币理论，也是类似的道理。如果征税不是为了支出，而是为了回收货币，以此维持货币合法性，那么谁来维持征税的合法性？谁来保证国家介入经济的正面意义？国家是否谨慎行使这一权力，将决定国家能否长久地享有这一权力。

货币究竟是什么？货币驱动的本质真的是税收？货币理论的边界，或者说思想的边界在哪里？现代货币理论关于货币的思考不仅是反传统的，更是堪称石破天惊式的奇袭。那么，运用这种思想的时候，是否应该预设一个边界。兰德尔·雷的老师是明斯基，明斯基的老师是兰格（Oscar Lange）。明斯基曾经转达给兰德尔一句兰格对自己的告诫，"思想可以开放激进，服装还是传统的好"，即指思想可以激进，行动还是渐进比较好。

第2章

中央银行制度：银行的银行，最后贷款人

如果你欠银行十万美元，那么你的财产归银行所有。如果你欠银行一亿美元，那么银行归你所有。

——华尔街谚语

我们拥有取之不尽、用之不竭的货币仓库。在战场上，没有任何优势能与这种财富优势相匹敌。

——英国作家笛福（1660—1731）[1]

几乎可以这样说，当英格兰银行的总裁要决定其政策时，不能不去考虑来自国内各个方面的利益诉求，当此之时，对各方人物他考虑得最少的，恐怕非他的股东莫属了。而这些股东们只是享有惯常的股息红利，除此之外，他们所享受到的其他权利几乎可以减少到零。

—— 宏观经济学鼻祖约翰·梅纳德·凯恩斯（1883—1946）[2]

人类有史以来已经有三项伟大的发明：火、车轮和中央

---

[1] "我们"在这里指代英国，转引自托马斯·利文森：《南海泡沫与现代金融的诞生》，李新宽译，中国人民大学出版社 2023 年版。

[2] 参见约翰·梅纳德·凯恩斯：《劝说集》，中国人民大学出版社 2016 年版。

银行。

——美国幽默作家威尔·罗杰斯（Wil Rogers，1879—1935）①

要让经济学家认识到银行贷款和银行投资的确会创造存款，是一件极其困难的事情。

——经济学大师约瑟夫·熊彼特（Joseph Alois Schumpeter，1883—1950）②

坏人的确应该得到应有的惩罚，我对此也没什么意见，但我认为，就当前情况来看，最好先救火，再追究责任。在过去这么多年里，我在华盛顿看到过很多人会假装愤怒，但我不喜欢这种游戏。我只是集中精力去解决我们面临的问题，避免像民粹主义者那样去谴责银行家。

——前美国联邦储备委员会主席、诺贝尔经济奖得主本·伯南克（Ben Shalom Bernanke，1953—　）③

---

① 保罗·萨缪尔森、威廉·诺德豪斯：《经济学（第18版）》，萧琛主译，人民邮电出版社2008年版。
② 转引自乔希·瑞安-柯林斯等：《货币从哪里来？》。
③ 本·伯南克：《行动的勇气》，中信出版社2016年版。

中央银行：为什么大家承认央行发的纸币

现在进入货币旅程的第二模块，重点谈谈和货币密切相关的中央银行。中央银行，被视为银行的银行，控制着国家的货币政策。中央银行，在中国就是中国人民银行，在美国就是美联储，在英国就是英格兰银行。

谈论货币时，常常把它和银行联系在一起。其中，中央银行大概是最神秘的银行。中央银行家也就是央行行长们，常常成为报纸头条主角，或者阴谋论的核心人物。中央银行家也许随便说一句话，就能成为第二天的财经头条报道。当然，他们更多时候是思索片刻，然后拒绝回答。

本章内容比较多，除了涉及货币，还与历史金融经济的关系不小。要讨论央行，就要聊央行到底是怎么来的。很多东西，我们之所以不理解，只是因为见得少，所谓少见多怪。历史和现实加上理论梳理，可以教会我们不少。央行并不是很古老的机构，央行的故事，起源于17世纪的欧洲。当时的荷兰，被叫作"海上马车夫"。荷兰贸易很发达，自然而然，荷兰成为17世纪欧洲金融业的先驱。有人说，17世纪最伟大的产物是三家机构的诞生，这三家机构都是银行。首先是 1609 年诞生于阿姆斯特丹的威瑟尔银行，再是 1656 年的瑞典银行，最后就是 1694 年的英格兰银行。

多数人印象中，国家货币是央行发行的，货币发行也是央行的第一大功能。这意味着，大家都承认央行发行的货币。我们在第 1 章中也谈过，纸币时代属于法币时代，也就是说，纸币的地位或者说货币的价格，是法律规定的，央行发行货币也无需准备金。然而，历史上的货币并不是这样，过去发货币，最开始是由私人或者私人银行发行的，而且需要准备金。

说到底，货币的发行，仅仅有法律规定就可以么？你手上的纸或者对应的数字，如何对应商品和服务，成为有价值的符号？想想就能明白，仅仅有法律是不够的，货币的本质是信用。这意味着，货币的发行方，其实发行的是自己的信用。

打个比方，你给别人一张欠条，本质上其实也可以算是货币，只不过是私人货币。经济学家明斯基有句名言，"人人都可以发行货币，关键看别人是否可以接受"。在美剧中，金融市场经常会出现主张自己发行货币的"狂人"，现实中也不乏这样的案例。比如在欧债危机期间，因为财政危机导致的货币危机让很多人开始想突破单一的货币。2011 年，当时"欧猪五国"之一的意大利的财务情况很危险，为了节俭开支就宣布人口在 1 000 人以下的小镇合并。有个小城镇叫菲力亭诺（Filettino），距离罗马100 公里，人口只有 550 人，为了避免被合并，该地的镇长或者说更类似我们的村长就自己发行货币，而且在货币上印上了自己的

头像 [1]。

所以，无论发行什么货币，数字货币还是纸币，关键在于大家认不认，多少人认，认多少。无论人民币、美元，还是一张纸，甚至只是电子数字，我们为什么可以用它们来买车买房呢？背后有什么原因？央行的货币，其实是国家信用，所以正常情况下，大家都认。当然，也有特殊情况，那就是央行甚至国家遭遇了信用危机。如果出现类似津巴布韦那种大贬值，纸币已经在事实上成为废纸，国家信用陷入危机，其法币意义也不存在了。

梳理货币史，在历史的演绎与重复中，你会发现一些耐人寻味的规律。比如，中国古代，曾经发明纸币，却多次出现通货膨胀，纸币被弃用，关键问题在哪里？如何保证纸币的信用？我认为，其中的关键在于国家信用的边界。

法币的流通意味着国家信用的放大。在过去，靠的是强势的皇权和中央政府，帝王行为决定了货币政策走向。正如一句老话所言，"统治者通过控制货币供给来管理经济"。从历史来看，政府接管私人纸币发行之后，初期往往能够发挥纸币的优点，缓解通货紧缩而对经济有所裨益。可惜的是，这样的美好开局，很难被坚持到最后。没有约束的情况之下，滥发货币的诱惑，往往随着时间或者政治需要，不断滋长。

---

[1] 参见 https://www.reuters.com/article/uk-italy-austerity-principality/italy-town-mints-own-money-to-fight-austerity-idUKTRE77S1MB20110829。

回顾一下列宁的名言，"毁灭一个社会的最有效的方法是毁灭其货币"，这句话因为凯恩斯的引用而为人熟知。货币主义大师弗里德曼认为，这句话戏剧性地表现了货币的力量。对于货币的管理，可能的出路在于通过制度设计，使得政府在履行职责的同时能够被监督，"使政府能对货币履行职责，然而同时还限制给予政府的权力，并且防止政府以各种方式使用这个权力来削弱而不是巩固自由社会"。

本章将会为大家梳理中央银行的形成与金融危机冲击等历史。独立的中央银行的动作，往往意味着民众所信赖的中央银行家是一群稳定的人。这也意味着他们的表现，有时候趋于保守。这个是一个优点，也是一个缺点。中央银行在对抗风险方面或许卓有成效，但在变动的时代，比如货币危机和金融危机时，有时候就不够果断，就像中央银行在大萧条期间的表现令人不满一样。

总结一下，央行的货币，是国家信用，而现代法币，其实是对于国家信用的放大。如果要保证货币，其实就需要监管央行，起码让央行更加独立透明。研究指出，一般而言，越是独立的央行，意味着其政策越不容易受到短期政策的影响，那么该国通货膨胀率往往也比较低。当然，这也是建立在政府治理基本完善的基础上。

英国央行：全球央行鼻祖怎么来的

现代世界的很多制度都来自英国，中央银行也不例外。作为现代中央银行的鼻祖，英格兰银行曾经被称作"堡垒中的堡垒"。

英格兰银行的诞生，可以说是当时最重要的金融革命。加尔布雷思感叹，英格兰银行是改革的先驱机构，"在所有与经济学相关的机构中，英格兰银行的地位无出其右。无论从哪一方面来说，英格兰银行之于货币，都堪比圣彼得之于基督教信仰。英格兰银行的声誉是实至名归的，货币管理的艺术和如影随形的神秘感大部分都源于英格兰银行"。[①]

这样一座"堡垒"的诞生，不管是有形的还是无形的，都是一个国家的大事件。那么，英格兰银行这座"堡垒"，是如何平地而起的呢？它为什么不早不晚，就在 17 世纪诞生？

英格兰银行成立的主要推动力其实只有一条，那就是战争。聪明的希腊人，早就说过一句话，战争是一切缘由之父。将这一句话再延展一下，我们可以说，一切战争的母体是金钱。在货币

---

① 本节引言参见加尔布雷思《金钱》一书第四章，中信出版社 2023 年版。

变革的几个主要关头，战争都起到决定性的作用。战争兴起，货币改变。从宋朝交子到明代白银，从英格兰银行到美国绿背美元，甚至民国金圆券，战争改变了货币，货币改变了历史。正如加尔布雷思所言："人们往往认为，战争爆发后，首当其冲的就是真相。事实上，货币也许更加首当其冲。"

回望 17 世纪，英法争霸的时代。当时英国国王是来自荷兰的威廉三世，也就是光荣革命中的主角。所谓光荣革命，如果换个角度看，其实是荷兰和平入侵伦敦。威廉三世这个人，几乎是英国对抗法国的一个缩影，他的一生，都在对抗强大的太阳王路易十四。

1694 年，对抗法国的"九年战争"已经打了五年。英国政府的开支每年不断上涨，由 200 万英镑上升到 500 万英镑再到 600 万英镑，政府的财力已经山穷水尽。

怎么办？那时候的英国国王，作为封建君主很不容易，打仗自己带头，筹款主要也靠自己来。威廉三世，按照我们的标准，确实很可怜。他以自己的名义四处举债，主要对象是支持他的一群辉格党商人，辉格党也就是当时英国一个很强大的政党。根据研究，他的贷款利率极高，甚至高达 30%。政府当然也会出点力，也出面发放贷款，成本同样不低，折算下来利率也高达 14%。对比之下，荷兰等地的贷款利率仅为 3% 到 4%，且无需贷款担保。这完全是高利贷嘛。如此沉重的财务成本，即使国王，也不堪重负。他甚至在给属下的信中埋怨说，"看在上帝的名义上，赶快决定为这里的军队找到一些信贷"，如果不能获得资金，国王自认将打败仗，"我必须去印度"。

后面的情况是如何演变的？如果缺乏资金，那么银行就是很自然的一个出路。回头来看，几个至关重要的要素，都汇集了：旷日持久的战事，孤注一掷的国王，资本丰厚的公众——有贷款的需求，有投资的需求。数项因素组合在一起，如同救命稻草一般，英格兰银行作为最后一种筹资方法出现了。它的首要目的就是为政府募集军费，支持英法战争。

数月之内，一千多家商家，以私人合股公司的方式组建英格兰银行。股本 120 万英镑，以年息 8% 贷款给政府，利率算不错了吧。但是也不白给，还款由轮船、酒类等税收和关税，来作为担保。英格兰银行获得 4 000 英镑作为管理费，国王也授予英格兰银行有期限的特许经营权，并永久性地免去其每年缴纳十万英镑的义务。

这就是英格兰银行成立的过程。可以看出，英格兰银行成立之初是不折不扣的私人银行，并非我们现在熟悉的公共银行，实际上，当时根本没有公共银行。英格兰银行当年面对很多竞争对手，例如我们后面会聊到的南海公司。至于特许经营权，国王也虎视眈眈，打自己的小算盘，准备到期收回。可以说，历史上的英格兰银行，并非生来有垄断特权，它也屡次遭遇挤兑。

英格兰银行能成功活下来，主要靠市场竞争。到了 18 世纪，英格兰银行站稳脚跟，英语世界的人都相信英格兰银行不会破产。

英格兰银行也被视为"伦敦各银行存放准备金最便捷、最安全的地方"。民间也有一句俗语,"像英格兰银行一样可靠"（as safe as the Bank of England），被用来形容一个组织足够安全,也用来形容不用担心某事出错。

英格兰银行赢得如此地位,有赖于英国政府的支持,但更多的是竞争的胜利,同时也有战争的助力。到 19 世纪,英法两国仍旧在继续敌对。拿破仑战争前后,金钱角力都是主要影响因素,在这个过程之中,英格兰银行出力不少。它的负债剧增到 8.5 亿英镑,和成立之初的 120 万英镑不可同日而语。

逐渐地,英格兰银行担任起更多中央银行的责任,它逐渐变为一家公共机构,1931 年之后开始服务于财政部的政策,最终在 1946 年被收归国有。1997 年,英格兰银行进而脱离财政部,成为一个独立的公共部门。

英格兰银行从私人机构发展到公共机构的过程中,经历不少步骤,但也有人很早就看到这一结局。凯恩斯可以说早有先见之明,在 20 世纪 20 年代他曾经断言,英格兰银行即使是一家私人机构,其总裁决策的时候,考虑最少的其实是股东。其结构其实已经走上了社会化之路,组织的影响与规模密切相关,"当组织的发展达到了这一阶段时,管理层方面所考虑的更多是整个组织的稳定和声誉,而不再是股东利润的最大化。股东将不得不满足于能够获得惯有的适度红利即可,而一旦这一点得到了保证,管理层所直接关注的往往是如何才能避免来自社会或来自其顾客方面的批评。如果组织的规模已然很大，或者已经居于半垄断的地位，从而特别容易引起社会的注意，容易受到社会的非议时，这种倾向就会更加明显"。①

因此，在大部分时间内，英格兰银行的私有角色与公共力量并存。作为一家带有公共特色的私人机构，它对于股东和国家同时负责——直到 20 世纪初期仍旧如此。由此可见，货币是国家兴衰的一大推手，英国对法国的战争，促成了英格兰银行的诞生；而英国的崛起，也受益于英格兰银行颇多。

---

① 参见凯恩斯：《劝说集》。

南海泡沫：约翰·劳的反面教材

大英帝国崛起的另一面，自然是法国的没落。欧洲的历史中，英国和法国的争斗占据了重要的戏份。在看得见的军事战争中如此，在看不见的金融战争中，也是如此。

18世纪，英国和法国都经历了国内的货币危机，但选择与结局却南辕北辙。这一结局与选择的不同，其实也昭示了两个国家不同的命运。

在18世纪，随着工业革命的发展，战争开始升级。英国是当时反法联盟的主力。我们知道，一切战争需要融资，任何有政治抱负的政治、经济人物都致力于"宫廷理财术"。在这种情况下，欧洲首次发明了自己的纸币，发明者是苏格兰人约翰·劳（John Law）。

苏格兰人有点儿特别，他们往往能够在故乡之外混得风生水起，亚当·斯密、大卫·休谟都是苏格兰人。有种说法是，全世界最会理财的是犹太人，英国最会理财的是苏格兰人。

约翰·劳往往被后人俏皮地总结为"一个了不起的人物，一个虚张声势的、海盗式的经济学家和投机家"。① 他 1671 年出生于爱丁堡，从小脑子很聪明，数学尤其好。除此之外，他个性突出，酷爱赌博，输掉了家产，只好去伦敦碰运气。结果，伦敦容不下他，他被关进监狱，又传奇地成为逃犯，不得已，去了欧洲大陆碰运气。当时欧洲缺钱，贵金属尤其稀缺。约翰·劳灵光一现，建议法国成立类似英格兰银行的银行，提出用纸币来代替日益减少的金属币。

他的提议和法国当权者一拍即合，很快被采纳。看似偶然的个人投机成功，其实是和法国当时的形势密切相关。法国国王路易十四有"太阳王"之称，但君主的雄才伟略往往意味着劳民伤财、透支国力，他去世之后，给法国留下一个千疮百孔的财政摊子：在他去世的那一年，法国欠债 35 亿里弗，据说大概是同一时期的英国长期国债的六倍。新君路易十五在五岁登基，奥尔良公爵作为摄政王，成为实权人物。法国国库入不敷出的情况下，约翰·劳的提议很诱人。用一个英国已经采用的方法来解决现金短缺和君主借贷的问题，似乎可以两全其美。因此，他备受重用，成为财政大臣，创立了法国皇家银行，开始发行纸币。有了王室与国家背书之后，纸币迅速成为法国人民的新宠，引发市场狂欢，这就是历史上有名的"密西西比泡沫"。

当时在法国，纸币是如此成功，金币价格甚至有时还不如纸

---

① 约翰·兰彻斯特：《金融的秘密》，耿丽译，中国民主法制出版社 2019 年版。

币。法国的债务似乎真的神奇地消失了，出现经济繁荣的景象。这一情况，也深深刺激了英国，希望学习法国的神奇"魔术"。于是，英国步法国后尘，拓展了新的融资渠道。南海公司（South Sea Company）就是其中一个公司。

18世纪的"南海泡沫"值得一提。这场空前的危机与17世纪的荷兰"郁金香泡沫"及1929年美国股票危机被后世称为"三大著名投机风潮"。

一切经济纷争的背后，都离不开党派政治。货币金融发展到一定程度，都离不开政治，而不同银行的背后有不同的党派。众所周知，辉格党和托利党是当时英国的两大政党。英格兰银行由一群辉格党人创立，其党派特色挥之不去，而南海公司则得到了托利党的支持。在18世纪初期托利党上台期间，南海公司作为政府融资工具应运而生。南海公司备受重视，记者丹尼尔·笛福等名人也为其摇旗呐喊。它不仅成为托利党对抗英格兰银行垄断政府融资的手段之一，也被视为打击辉格党的重要手段。当时的英国国王是乔治一世，他本人的母语是德语，一直以来对于辉格党人并无好感，这一情况对于托利党人颇为有利。

所谓南海，指的是南美洲。南海公司获得了英国与南美洲等地的贸易特权。随着与法国停战协议的达成，南海贸易障碍被扫清，南海公司承诺以南海公司股票接收全部国债。可以说，这是抢占了英格兰银行的业务领域。在两家公司的博弈之中，南海公司通过舆论造势、贿赂议员、优惠利率等方式，最终胜出。当时英国有很多资金，苦于没处投资，加之在政治上又有托利党为其呐喊，使得南海公司主导了走势，英格兰银行退出竞争。

当时，英国上下可以说陷入了南美洲贸易的狂热，似乎觉得对岸遍地是黄金与机会。南海公司股票价格不断上涨，而股票价格的上涨，又鼓励了民众和官员继续投资南海公司。投机狂潮之下，南海公司气势如虹。南海公司股票在半年间从每股 128 英镑涨到每股 1 000 英镑，从国王到议员都参与其中，上涨势头锐不可当，"政治家们忘记了政见；律师们忘记了本行；批发商们忘记了生意；医生忘记了病人；店主忘记了自己的商店，一贯讲信用的债务人忘记了债权人；牧师忘记了布道；甚至女人们也忘记了自尊和虚荣！"[1]

"上帝让人死亡，必先让人疯狂。"人人关心南海公司的股票，无论性别和阶层，不少人都卷入这场饕餮泡沫，"我们都被该死的南海吞没"。南海公司的股价最高时大概是每股 1 000 英镑，有人估算，这大概是伦敦金融市场交易的所有企业总值的一半，或者大约等于 5 亿英镑，"这笔钱能够购买英国所有固定财产——所有不动产、每一亩可用土地及其上的建筑物"。[2]

"牛市猪会飞"，南海公司作为风口的"猪"刺激了不少同行，不少公司也尾随其后，泡沫滋滋作响。盛况随着 1720 年 6 月英

---

[1] 更多相关内容参考拙著《货币王者》一书。

[2] 本节部分参考托马斯·利文森：《南海泡沫与现代金融的诞生》，李新宽译，中国人民大学出版社 2023 年版。

国国会通过《泡沫法案》而急转直下。这一法案被认为是南海泡沫的转折点，南海公司的业绩开始受到怀疑。最开始，国外投资者开始抛售公司股票，股价开始走低，随后其他投资者大举卖出，信心崩溃，股价被打回原形，最终在1720年底公司资产进行清理，其实际资本已所剩无几。

和所有经济泡沫一样，"南海泡沫"最终也不得不面临破灭的一天，建立在幻想之上的业绩难以维持。"南海泡沫"洗劫了英国的不同阶层，比如，当时剑桥物理学教授与英国铸币局总监艾萨克·牛顿（Isaac Newton），一个传说中被苹果砸中都能发现万有引力的天才，也未能在泡沫的诱惑下全身而退。他在南海泡沫中的投资经历很有趣，他本来小赚一笔，选择退出，之后却忍不住再次入市，结果亏损很多。牛顿不得不感叹，"我能算准天体的运行，却无法预测人类的疯狂"（I can calculate the motions of heavenly bodies, but not the madness of people）。

英国诗人亚历山大·蒲柏（Alexander Pope）也几乎全程经历了"南海泡沫"，他对于这一事件有过不少生动描述——"终于／腐败像汹涌的洪水／淹没一切／贪婪徐徐卷来／像阴霾的雾霭弥漫／遮蔽日光／政客和民族斗士纷纷沉溺于股市／贵族夫人和仆役领班一样分得红利／法官当上了掮客／主教啃食起庶民／君主为了几个便士玩弄手中的纸牌／不列颠帝国陷入钱币的污秽之中。"

几乎同时，约翰·劳在法国主导的"密西西比泡沫"，也走向了破灭。约翰·劳善于思考，他从荷兰、英格兰等国的经验中看到货币的魔力，随后将纸币的魔力发挥到极致。法国在没有足额准备金的情况下滥发纸币，开始阶段纸币增加，股票上涨，经济繁荣；但到1720年1月，通货膨胀率从1719年的4%上升到23%。最后，人们发现纸币的面值已经超过了全国金属硬币的总和，股票开始暴跌，"密西西比泡沫"破裂。约翰·劳再次出逃，不到十年，就潦倒死于威尼斯的贫民窟。据说，有法国人在约翰·劳去世之后，这样评价，"他，让全体法国人倾家荡产"。

18世纪上半叶的两次金融创新，分别在英法以失败告终，令人深思。这不仅成为近代金融危机的开端，更留下各种后遗症。马克思评价约翰·劳既是骗子又是预言家。约翰·劳的运作，导致法国在后面一两百年都很避讳提"银行"这个词，从此法国财政一蹶不振。最后，法国问题的解决出路，竟然是法国大革命，这又是以平等自由开始以革命独裁结束的故事。历史，就是一个有着隐微联系的万花筒，货币暗处搅弄风云，却又微笑不语。

至于英国，也元气大伤，其股票市场也花了一百年才走出"南海泡沫"的阴影。关于"南海泡沫"或者"密西西比泡沫"的得失，相关讨论已经太多，究其根本，原因在哪里？还是人性的贪婪与健忘，一次又一次主导泡沫的诞生与发酵。正如查尔斯·P.金德尔伯格（Charles P. Kindleberger）所言，欺诈者与受害者的关系，从精神病学角度来讲是捆绑的共生关系，"又爱又恨、互相满足并相互依赖的关系"。

加尔布雷思感叹，约翰·劳展示了银行创造货币的奇迹效应，工业和贸易发展，人人都很满意，"在那妙不可言的一年里，巴黎的人们体验到了一种前所未有的富裕感"。但是当最终清算不可避免地来临之际，无论天才还是投机客都不得不思考一个问题："怎样才能享受奇迹，而避免审判？"① 更进一步，这些由货币引发的泡沫，被认为充分暴露了18世纪的时代通病，"贪婪、欺诈与歇斯底里"。但它不是结束，而是新时代的开始，这是通向一个躁动不安的更广阔的时代。但这两场泡沫，说明了什么？只要是现代经济，必然是信贷经济，就会有货币危机。

这两场危机，很多人损失惨痛，但并非没有赢家，英格兰银行就是其中之一。一些辉格党人利用对手的失败，赚到政治资本。当南海公司锐不可当之际，英格兰银行甚至辉格党都处于下风。"南海泡沫"之中，英格兰银行也面临银行最大的风险之一，那就是挤兑。据说当时英格兰银行用尽各种办法，比如用数零钱等拖延战术，抵御了挤兑。最终南海公司失败，英格兰银行时来运转。这些变动不仅考验了英格兰银行，而且使得日后面临危机之时，英国各地开始接受英格兰银行的银行券。有意思的是，英格兰银行的创始人威廉·帕特森（William Paterson）和约翰·劳都来自苏格兰，算得上是老乡，都在金融领域分享了时代的机遇与荣光。

"南海泡沫"自然可以被看作一次全民的癔症、一次金融的丑

① 参见约翰·肯尼思·加尔布雷思：《金钱》，中信出版社2023年版。

闻、一场失败的投资，但是这些波澜壮阔的历史事件，也孕育了现代金融以及货币系统的前身。整个 19 世纪，英格兰银行的诸多贡献，都对应着 19 世纪的诸多金融创新。英格兰银行挺过 1825 年、1847 年、1857 年、1866 年等数次危机，探索了从一家私人机构到中央银行之路。无疑，一家坚实的中央银行，对于一个国家非常重要，尤其在国家遭遇货币危机的时候。但是，这样的银行，不会是来自天才发明家的创造，只能是市场考验的结果。

美联储：为什么是私人机构

中央银行的鼻祖是英格兰银行，现在的中央银行"老大"则是美联储，其全称是美国联邦储备委员会（Federal Reserve Board，Fed）。

今天谈起中央银行运作规范，言必称英格兰银行以及美联储如何如何。很多人按照国内惯例想象，认为美联储肯定是美国的国家机构，员工也应该有编制，是公务员之类的角色。事实还真不一样。

一些流行的阴谋论书籍，往往不遗余力抨击美联储。经济学家何帆，就曾经说过一个真实的段子。有网友给他留言"你连《××战争》居然都没有看过，我简直没法跟你讨论"。让人无奈之余，我们也不得不反思，阴谋论为何那么流行？或许一部分原因在于中央银行的低调与神秘，让多数人缺乏对其的了解。

受到各种阴谋论影响的人，一谈到美联储，总会联想到犹太金融家掠夺世界财富之类的惊悚标题，甚至会大喝一声："你知道，美联储是私人银行么？"不明白的人，乍一听，顿时傻眼，马上以为对方知道惊天秘闻。事实如何？毫不客气地说，这种行径完全是少见多怪。真实的历史，不是一张纸，而是像化石，永远是层层叠叠而成的，很少是一条直线。真相，总是比有的人想的要单纯一点，也比另一部分人想的要曲折一点。

美联储在今天被认为是全世界最重要的中央银行或者索性就是全球的中央银行，因为其影响力不仅局限于美国国内，更影响全球经济。但是，作为这样一家重要的管理机构，美联储的成立之路却比较特别，这也是美国特殊的历史决定的。

和大家想象的不同，美国很晚才成立美联储。直到1913年，根据美国国会制定的《联邦储备法案》(Federal Reserve Act)，美联储才正式成立。

不少国家很早就成立了中央银行，不说别的，就说中国的清政府，早在1905年就成立了户部银行，是中国首家中央银行。为什么美国这样资本主义发达的国家，央行反而姗姗来迟呢？究其根本原因，实非不能，而是不愿。有些美国人不愿意建立一个权力过大的央行。在美联储正式成立之前，美国也有过数次努力，建立过类似美联储的全国性中央银行，比如美国第一银行和美国第二银行，但是都失败了。

这就体现了美国经济、政治上的两个不同光谱的派系。这两个派系甚至决定了美国历史的诸多发展。这两派的灵魂人物都是美国开国元勋，一边是亚历山大·汉密尔顿（Alexander Hamilton），一边是托马斯·杰斐逊（Thomas Jefferson）。这两个人，都是美国"国父"级人物，汉密尔顿是美国第一任财政部长，杰斐逊是美国第一任国务卿、第三任总统，也是《美国独立宣言》的主要起草人。

两人的分歧在哪里？首先，汉密尔顿强调政府的作用，尤其在金融层面希望统一市场。是他，一手推动了华尔街的发展，可以说是美国金融体系设计之父，甚至有经济学家半开玩笑说，他是美国产业政策的鼻祖。杰斐逊呢，代表大多数农场主，他推崇小政府和地方分权。两人的分歧，其实从他们的出身或者阶层也可以看出一些端倪。汉密尔顿据说是"苏格兰小商贩子的私生子"，他从小就显示出很高的商业天赋；杰斐逊则出身传统世家，又是律师，教养很好。杰斐逊曾经在书信中控诉银行善于欺诈，而且强调他一直与之为敌的就是那种发行货币的银行，"那些银行大鳄们一边嘲笑我是个疯子，一边偷偷窃取公众的财富，他们的财富是欺诈而来的，毫无建设性"。

汉密尔顿和杰斐逊的政见不同，他们的追随者也斗争了很久，导致美国建立中央银行的过程一波三折。在美联储之前，美国第一银行和美国第二银行，就经历了成立被废除、再成立再被废除的折腾。然而，多次危机的惨痛教训，证明市场经济没有中央银行就是不行。为什么呢？因为只要是现代经济体，很自然就会产生金融危机，也就有各类银行危机和货币危机。如果没有中央银行的托底，即使是小危机也会被放大，如同美国19世纪经历的多次银行危机。

就这样，到了20世纪，美国不得不成立中央银行。看起来，这是汉密尔顿的思想暂时获得了胜利，不过杰斐逊那一派的势力也发挥了制衡性作用。两边折腾和妥协的结果，是美联储的管理结构和组织机构很有特点。特点体现在哪里？中央和地区的彼此制衡，具体来说就是"双重结构"。

美联储系统分为两个部分，一部分是华盛顿的联邦储备局，另一部分是地方的 12 个联邦储备银行。华盛顿的联邦储备局是一个政府机构，里面的员工是政府雇员，而这 12 个联邦银行是非营利性私人机构，虽然和华盛顿的联邦储备局彼此都是同事，但这12 个分支机构的员工，不是联邦政府的雇员。这 12 个机构在美国地图上的分布非常分散，基本是地方意志的体现。我去过美国的地方联邦储备银行参观，他们介绍组织的时候，就很强调，这 12 个分支机构，非常独立，很多地方机构，往往会和华盛顿发出不同的声音。

可以明确地说，美联储的制度设计是妥协的结果。一方面，不希望由政府来直接发行钞票，所以应该由私人银行参与；另一方面，又担心私人机构绑架了美国经济，所以政府必须介入。搞清楚之后，你可能会觉得这个制度设计，其实非常有趣和巧妙。这些金融机构的进化，不是一开始有一个聪明人想清楚怎么去做，而是不同势力、不同思想不断交战妥协的结果。往往是，这种结果能够代表各派的诉求，也能以比较小的成本得到比较好的结果。外推一步，货币如此，经济如此，政治也是这样。

总结一下，美联储的成立背后，既与汉密尔顿和杰斐逊思潮斗争的传统有关，也有历史原因。后面经济学家谈起两人，多数支持汉密尔顿，批评杰斐逊，觉得他有点狭隘落后，也过于偏重农业，但此说不一定合理，杰斐逊的思想相当伟大，甚至可以说他很有远见。

美国建国之初的情况，和今天很不一样。在美国多数"国父"心中，美国应该是个小种植园主的国家，农业是基础，高度分权自治，杰斐逊其实代表了这个传统的诉求。其实直到今天，有些传统可能形式有所变化，但是其底层内核依旧存在，甚至依旧构成了美国秩序的基础。当我们谈论美国政治、经济情况，谈到全球化和美国利益的冲突，谈到东西部的差异，谈到白人蓝领工人的失落，如果仔细体会，其实都会发现一些汉密尔顿与杰斐逊斗争的影子。

金融危机：2008 年美国做错或做对了什么

中央银行的一大作用，就是在金融危机中发挥"救火"的作用。中央银行的成立，不仅是为了发行钞票，更是为了拯救经济，应对各种货币紧缩以及金融危机。

有本写美国华尔街金融史的书，叫作《伟大的博弈》，作者是美国知名金融史学者约翰·戈登（John Steele Gordon），中国的译者是在中国证券市场上影响甚大的祁斌。戈登写了几百年金融史，肯定有不少心得体会。祁斌问过戈登，您觉得美国华尔街和金融体系发展历程中最大的教训是什么？戈登的回答是，必须有一个强有力的中央银行。他解释说，美国在很长一段时期内没有中央银行，其后果是灾难性的。

19 世纪后半叶，美国爆发多次货币和银行危机。除了经济勃发，更大的原因在于其长期没有类似英格兰银行的中央银行。自由放任，至少在面对银行危机之时，并不是最佳选择。进入 20 世纪之后，建立中央银行的呼声开始逐渐加强。在 1907 年，一场大面积危机迫在眉睫，当时美国著名的金融家摩根，就是投行摩根士丹利、摩根大通那个摩根，他出面以个人威信力挽狂澜，帮助金融市场度过危机，避免重蹈 1893 年危机的覆辙。从这个意义上而言，摩根在美国当时没有中央银行的情况下扮演了中央银行的角色。

危机改变世界，美国各界终于达成妥协。在 1913 年，美国国会通过了《联邦储备法案》。这本来是共和党的提案，幸运的是，民主党总统威尔逊也认可，签署了该法案，宣告美联储成立。

然而，美联储成立不到 20 年，美国就遭遇了历史上最大的金融危机，随后演变成大萧条。这场灾难中，美联储表现如何？

在大萧条中，美联储基本是在被动应对，表现并不好。美国经济学家弗里德曼在《美国货币史》中对此进行了深入剖析。第一个重大错误是，在危机来临的时候，美联储不是降低利率，而是提升利率。对于经过现代理论训练的经济学家而言，此举匪夷所思，无异于自杀，确实美联储这波操作对随后到来的银行倒闭潮有推波助澜的作用。对此可以辩护的是，当时美国实行金本位制，在金本位制的约束下，面对巨大的资金外流压力，传统做法是提高利率来降低黄金提取压力。这一错误做法直到美国终于决定脱离金本位制才告结束。第二个重大错误是，在流动性冲击之下，美联储任由银行倒闭，没有对陷入困境的银行提供无限量流动性支持，导致货币供应量巨幅降低，信用体系坍塌。

美联储的表现，不仅影响了美国，也影响了世界。为什么这样说？因为，经济全球化也意味着金融危机的全球化。美国在世界经济中的权重巨大，其国内金融危机随之席卷全球。20 世纪总被说成是美国人的世纪，美国的繁荣与危机对全球有深刻的影响。大萧条间接推动了德国民主政权整体的垮塌、全球法西斯政权上台以及随后的惨烈二战。

从金融进化的角度来看，大萧条让中央银行出现了巨大变化。通过大萧条，大家理解，中央银行不能再安于常规操作，而应该成为危机的最后拯救人。

1929 年过去了，但危机没有绝迹，1994 年的墨西哥金融危机、1997 年的亚洲金融危机等区域性危机、2008 年全球金融危机接连不断。

最近的这一次，2008 年全球金融危机显示出巨大的破坏性。这一次危机是全球性的。从美国两个房地产巨头发生危机，再到百年投行雷曼兄弟申请破产，从永不休眠的花旗无奈"瘦身"，再到投行美林"下嫁"零售银行美国银行，从保险巨头 AIG 危机，再到白宫出手拯救汽车巨头……这些华尔街巨头们一个个倒下的时候，美国次贷危机一步步演化为全球金融危机，世界随之遭遇重创。

如果说亚洲金融危机被视为亚洲模式的失败，2008 年的金融危机则被认为是美国的失败，以及新自由主义甚至资本主义的失败。金融危机动摇了人们的常规世界，也引发对系列理念的反思。比如，如果相信个体理性，那么为何最终却引发大规模违约；为什么少部分人的冒险，却让所有公众付出代价？这既没有效率也不公平，什么地方出错了呢？昔日的华尔街巨头一个个血流如注，一系列突如其来的变故，使得世界各国都为危机而震惊。

对于自由市场的监管者而言，救市还是不救，这是个问题。在 2009 年，是否救市的争论一石激起千层浪，滔天争议背后仍旧是一个古老的美国问题：放任自由还是积极干预？或者，是否需要强势政府干预市场？我们前面说过，这个问题的本质，很大程度源自美国第一任财政部长汉密尔顿与其终身政敌托马斯·杰斐逊的分歧。

有美国作家就曾经感叹，在绵延数百年的北美金融史中，每一个重大事件背后都可以依稀看到汉密尔顿和杰斐逊的追随者们各自捍卫着自身的理念。在美国资本市场历史上，1792 年到 1987 年的 100 多年时间内，杰斐逊主义的放任自流一直占据上风；2008 年之后，汉密尔顿归来，救市成为主流。可以说，伯南克领导下的美联储，虽然也遭遇了很多批判，但他们在 2008 年危机中的表现可圈可点，算是及时出手，避免了 1929 年的悲剧再次发生。

未来趋势：央行应该保持神秘还是走向透明

大众的印象中，央行神秘莫测。央行圈子内部也常常觉得，保持神秘是他们能够正常工作的前提。毕竟货币或者金融政策，很难让大众理解。

以美联储为例，在发达国家中，美联储是较为独立的机构，有很多制度设计来均衡权力。但是，还是有人不满意，觉得美联储是私人机构却又行使公共权力，类似政府机构又不是政府机构。一名美联储传记作者，将美联储称为"怪胎"，不仅是代议制民主中一个至关重要的"畸形人"，也是与自治民权神话并存的尴尬矛盾体。

一般情况下，民众大体能接受美联储的这种特别，或者说这一矛盾组合体，很大程度上和中央银行的独立性及私密性有关。在美国人眼里，美联储这个机构的行为可能是机械呆板的，但它们的决策是非政治性的，是不受那些自私自利的经济团体的利己主义压力或者尖锐对立的两党政治所影响的。

有人这样形容美联储的历任主席们：一方面，他们可以决定有关政治经济事务中最关键的问题，包括谁会繁荣、谁将衰落；

另一方面，他们的角色却依然隐晦和神秘，"美联储是安全的，不仅因其自身的官方机密性，还因其可以微妙地消失在美国公众的眼前"。

但是到了金融危机之时，美联储一而再、再而三地施行量化宽松政策，大众对美联储的感觉就不同了，神秘变了味道。神秘，可以是崇拜，但也有代价，那就容易演变为不信任。这也很容易理解，独立本身意味着一种权力，而权力也意味着责任。随着外界环境变化，大众会感到不满意，不仅要求中央银行透明度的声音在扩大，而且各类阴谋论也层出不穷，类似《金钱主人》(*The Money Master*)之类的书也不断出版。

对于美联储的质疑，不仅国际上有，在美国国内也有。甚至可以说，美国国内的质疑声音，才对美联储有更切实的压力。肯塔基州参议员兰德·保罗(Rand Paul)曾经这样说："人们应该担心，一家私人银行，因由美国国会授予的垄断特权，能够印钞票，进而游说反对更多监督的立法。令人震惊的是，国会创造出这样一个巨大的生物。"

他曾经主导过一次名为"审计美联储"(audit the Fed)的运动。这一运动的目的是提高美联储货币政策的透明度，废除原有对于美联储独立性的法律保证。如此一来，美联储的货币政策将难以避免受到美国政府审计乃至问责。这一目标看起来就很有争议性，问题在于审计什么，谁来审计？

兰德·保罗，是美国自由派参议员罗恩·保罗(Ron Paul)之子。父子两人的观点可谓一脉相承，政治上信奉小政府，经济上追随奥地利经济学派。明眼人可以看出来，这一审计不仅关乎经济，关乎政治，更关乎权力。

"审计美联储"相关话题，让人注意到，以美联储为代表的中央银行，可能没法像过去那样，保持低调神秘的同时保持独立。外界的质疑，正在不断推进中央银行的透明度。可以说，很多时候是以不那么友好的方式进行的。

事实上，美联储在透明度方面做出了很多让步。在一定期限之内，美联储会议记录得以公开。普通公众网上预约一下，就可以参观美联储。美联储带头之后，其他中央银行也跟随其后。英格兰银行已经决定效仿美联储，将货币政策会议的相关记录，安排在八年后详细公布。这其实意味着，每次货币政策变化背后，决策者的建议和投票，都可以被公开。

对比同行，中国的情况如何？中国人民银行是资产负债扩张最为迅速、规模最大的央行之一。央行的掌舵人之一的周小川，在国际上，也曾被《欧洲货币》杂志评选为全球最佳央行行长等。但是中国央行从独立性到货币政策实践的透明度，仍旧有漫长的道路要走。

不可否认，中央银行的权力在2008年金融危机之后急剧膨胀。伴随着危机进程，中央银行家们大显身手，创造了扭转操作、量化宽松、负利率等各类让大众眼花缭乱的新名词，货币政策创新层出不穷。无数的钞票好像凭空挥挥手、敲敲键盘，就可以从央行的资产负债表扩张中"印出来",这也难怪兰德·保罗会对美联储不满。

确实,中央银行需要监管,但是应该以什么方式?记住,不应该是以政治的方式介入。这一方式即使短期看起来雷厉风行,长期来看,会动摇中央银行的根基。毕竟,货币政策是否有效,需要长时段的考验,需要对抗政府的一时狂想。最终来看,经济学告诉我们,对付专业人士最好的方式就是专业人士,专家监管专家将是未来的方向。外行领导内行不仅在其他领域行不通,在中央银行领域更行不通。

货币主义大师弗里德曼曾经说过一句名言,货币如此重要,以至于不能交给中央银行家。这句话很流行,在中文语境中,常常被错误地理解为货币如此重要以至于不能不交给中央银行。时过境迁,如今中央银行不仅没有没落,反而权威与日俱增。艾伦·格林斯潘(Alan Greenspan)2006年退任美联储主席后,弗里德曼就曾经写了篇文章,表示自己低估了中央银行家的能力。

回顾一下,本章主要讨论央行的历史与功能。作为官僚机构,央行的目标不断扩张。除了维持低通胀之外,又陆续加入保持就业、促进经济增长、维持金融稳定、保持国际收支平衡甚至抗通缩等额外目标。更不用说,如今还要面对我们后面将谈到的各类挑战,如各类数字货币。

可以说,今天的中央银行正面临很多难题。如此之多的高难度任务聚集一身,一方面,看起来像一个积重难返的老人,让人怀疑其肩上还能背多少重量；另一方面，人们在一次次危机之中，还不得不仰仗中央银行这位老人的经验与魅力。

这个时代，大概是中央银行权力最大的年代。反过来说，也是中央银行受到关注最多，甚至说受到指责最多的时代。审计美联储是不是好主意不知道，但这只是开始，并不是结束。作为一个群体，中央银行家应该承担更多责任，毕竟更多权力意味着更多责任。

第3章

东西方货币简史：从金银到纸币

师曰：君子爱财，取之以道。

——宋编《五灯会元·洞山晓聪禅师》

大汗发行的一种纸币通行于全国上下。汗八里城中，有一个大汗的造币厂，大汗用下列的程序生产货币，真可以说是具有炼金士的神秘手段。……大汗的所有军队都用这种纸币发饷，他们认为它与金银等值。由于这些，可以确切地承认大汗对于财产的支配权比世界上任何君主都要大。

——意大利旅行家马可·波罗（Marco Polo，1254—1324），

《马可波罗游记》

我们这群人有种心病，只有金子能医。

——西班牙探险家埃尔南·科尔特斯（Hernán Cortés，

1485—1547），阿兹特克帝国的征服者

世人都晓神仙好，只有金银忘不了！

终朝只恨聚无多，及到多时眼闭了。

——（清）曹雪芹（1715—1763），《红楼梦》

但货币却就在这情况下，成为一切文明国商业上的通用媒介。通过这媒介，一切货物都能进行买卖，都能相互交换。

——亚当·斯密（1723—1790），《国富论》

这样一张纸币代替了黄金和珍珠，实在方便：人们一下子就知道自己有多少财产；用不着议价，也用不着兑换，就可以花天酒地，作乐寻欢。想要硬通货，隔壁就是兑换所，要是没有，临时还可以挖掘一番。高脚杯和项链也可以拍卖，纸币一旦兑现，就会使胆敢嘲笑我们的怀疑派狼狈不堪。使惯了钞票，别的钱币再也没人要。从今以后，你整个的帝国将储存足够的珠宝、黄金和现钞。

——德国作家约翰·沃尔夫冈·冯·歌德（1749—1832），
《浮士德》

用一种现代化的炼金术，就可以让它的数量要代表多少就代表多少，让它的价值想代表什么就代表什么。这样，当初和它的佳偶白银像日月一般高悬于太清的黄金，俨然首先放下了它的神圣属性，而下凡到人间做了一位专制的君王，接下去可能会俯就严肃的立宪君主之位，各国中央银行赫然便是内阁辅臣，它可能永远也不需要成立共和国。

——宏观经济学鼻祖约翰·梅纳德·凯恩斯
（1883—1946），《劝说集》

通货膨胀：货币超发，钱发毛了吗

前面讨论了货币理论与中央银行，另一个方面也很重要，就是货币的本位变化。一般认为，货币本位是一种政府认定的货币标准。但是实际上，在有政府之前，大家就有交易，自然也就有货币，所以各地货币形态各有不同，货币本位也不断变迁。基本上来说，货币本位是从商品本位到纸币本位，商品本位最著名的是大家熟悉的金本位，而纸币本位就是我们谈论的人民币和美元等。货币的很多原理，其实是在实践中逐渐形成的。理解货币变革历程，有利于理解货币的当下与未来。

对于老百姓来说，最怕的也最在意的，就是手上的钱不值钱了。很自然，大家最关心通货膨胀。在过去，一谈到通胀，很自然，大家觉得就是钞票发多了。货币主义大师弗里德曼曾经有句名言"通货膨胀无论何时何地都只是一种货币现象"，这是什么意思？意思是，通货膨胀是而且也只能是货币数量的急剧增加引发的，不是由于产量的增长所致。除了他之外，自由主义的旗手哈耶克也作过一个比喻，"货币如蜜"。也就说，货币不是水，而是蜂蜜，大概是说货币的增发，往往不会像直升机撒钱那样均匀分布。

无论水还是蜜，这些货币现象其实就是在谈货币超发。对于很多人来说，一旦出现通货膨胀就怪货币发多了，货币发多了就怪中央银行。大家一听到降息降准就觉得是在"放水"，天天盯着广义货币（M2）之类的指标，很反感宽松政策。但是实际情况是怎么样的呢？我们对于通胀的来源和处理，应该有更深刻或者更正确的理解。

今天谈通货膨胀、货币超发这些问题时，误解非常多。不少研究者会一本正经研究 M2 和 GDP 比例多高等，老实说，我觉得这个指标没那么重要。此外，不少人都转发一些很不靠谱的言论。比如说，美国有法律禁止货币超发多少，隔一段时间，总会在微信朋友圈重新传一遍。这个说法自然不靠谱，我也咨询了认识的美联储内外的人，都讲美国没有什么法律规定货币发行量，甚至条款也没有。问题在于，这种观点，居然能够大行其道，那么流行，甚至不少经济学家都在说。这表明了什么？一方面，大家对货币的理解确实有一些问题；另外一方面，也说明，公众对所谓的货币超发，确实有比较大的情绪。

第 1 章中我们已经讲过，货币，主要来自贷款，贷款创造出货币。中国的货币超发途径，其实主要是通过银行的巨量信贷。因为银行的巨量信贷，就会产生巨量的货币。而当中国的巨量投资以信贷作为融资手段的时候，必然产生很大的资产泡沫。所谓资产泡沫，是指资产价格中不能被基本面解释的因素，基本面包括现金流、折现率等。一旦形成投机性泡沫，价格往往会出现突然飙升，价格的飙升又会引导成新的预期，导致价格进一步走高。我们身边的资产泡沫，最直接的就是房价，以及曾经的股市。很类似地，你看看身边有多少人，本来没有买房条件，担心以后买不上房子现在就借钱买房？在过去，你可以说他们赌对了，但是未来怎么样，尤其资产价格走向反面，就很难说了。

回到货币的问题。既然货币由信贷推动，需要关心的是，这些信贷转向了什么地方？多数情况，是国有企业或者地方政府这种巨无霸，它们往往有巨量的融资需求，最终的结果就是货币增长速度很快。而这个循环，其实又在倒逼央行，使得央行必须提供充分的基础货币数量。

最典型的就是 2008 年的"四万亿经济刺激计划"的故事，我在公众号"徐瑾经济人"中说了很多。经过贷款的放大，一个四万亿就变成无数个四万亿。货币超发的故事中，央行在其中能够决定的只有基础货币，不少时候是一个被动的角色，货币超发更多是由国内的信贷需求推动的。

货币问题和实体经济问题，很难分割。一方面，中国经济依赖投资；另一方面，投资依赖信贷；最后，信贷又创造更多货币。货币并不仅仅由央行创造，而是在各类信贷中被创造放大。可以说，中国债务的积累，本身就是信贷扩张的直接结果，也是所谓货币超发的本质——从某种意义上而言，除了中央银行，银行、企业甚至我们自己，每个人都是印钞者。

交子：最早的纸币，如何导致大通胀

通货膨胀不是今日今时才有的，而是伴随着人类的历史。在金属货币时代，通货膨胀幅度还好，因为即使是贱金属，也有制造成本，但是纸币的诞生，其实使得通货膨胀的速度一跃而起，走上了新的火箭般的速度。早在中国古代宋朝，就有这样的案例。

很多人都以为中国古代的金融很落后，其实未必如此，最早的纸币就来自中国宋朝，也就是北宋交子。交子的起点是什么？故事是这样的，北宋年间四川的 16 家富户，联合发行私人票据。《宋史·食货志》说"交子之法，盖有取于唐之飞钱"。宋代经济很发达，但是交子为什么会在四川诞生？纸币这种领先世界的金融创新，之所以没诞生在核心地区，而诞生在四川，有两个原因。一方面，源自当地茶叶和马匹等贸易的发达；另一方面，也与当地铁钱的笨重有关。[①] 这样，物理上的落后与需求上的急迫，使得金融创新以及落地的速度提升。

---

① 更多内容参见徐瑾：《白银帝国：一部新的中国货币史（修订版）》，上海人民出版社 2023 年版。

随着民间交子的发展，这一创新开始步入官家视野。在得力地方官的几番推动之下，民间创新终于走向殿堂，最终宋朝的官方交子应运而生。从宋朝仁宗天圣二年，也就是公元1024年开始，宋朝正式发行交子纸币，数量为188万贯。"贯"是宋代货币的单位。交子的式样，也有统一的规定。除了纸张版式特制之外，朝廷规定伪造交子与私造交子纸币都是重罪，此后两年一次的发行额度都是125万贯左右。

在此后的流通中，交子的流动期限以"界"分，一般是三年为期，期满则新旧交替更换，其实这就是比较原始的平准制度，就是发新交子回收旧交子。交子制度运行之初原本有稳定的发行准备，一般一界发行额度是150万贯，而准备金是铁钱36万贯。这一部分准备金制度以及新旧交替制度维护了民间对交子价值的信任。很自然地，交子的便利带动铁钱流通量的下降，从北宋初年的50万贯逐步下降。从铁钱数量的下降可以看出，交子其实受到了欢迎。

这里，我们可以看到一个很有意思的现象。最开始，伴随着国家的介入，交子获得更大的成功。不仅解决了私人交子存在的信用难题，也受到从事跨地区甚至跨国贸易的四川茶叶商人的欢迎。所以，交子在交易之中，常常以高于标价的溢价成交。苏东坡的兄弟苏辙，就曾记录道："蜀人利交子之轻便，一贯有卖一贯一百者。"①

---

① 苏辙：《论蜀茶五害状》，《栾城集》，上海古籍出版社1987年版。

　　宋代商业发达，交子成为国家财政的重要组成部分，而宋朝日益增加的军事开支也在寻找解决思路，各种金融创新继续发酵。为了给军需提供保障，鼓励商人运输物品到边疆，宋朝当局还发明了一种期票，即"见钱交引"，以节省商人的运输货币费用。当时流行的有"茶盐交引"，后又有军需品交引。这些票据进一步兑现成铁钱或交子，运转情况不错，发行权后来也集中在首都开封。

　　随着王安石变法的推行，宋朝财政制度剧烈变化，交子逐渐走向历史舞台的中心。王安石变法的故事大家从小都耳熟能详，但其实真实的历史并不是"改革派是好人、保守派是坏人"的对立那么简单。王安石变法毁誉参半，但无可置疑的是，它大幅度地提升了北宋经济的货币化程度，对货币的需求因此大增。伴随着王安石的激进新政与边疆战事的浩大军用，货币流通数量开始急剧膨胀。西北边疆与西夏的战事延绵不绝，军事开支动辄以千万贯计。就以铜钱铸造而论，仅公元1073年至1084年，宋朝铜钱的产量就翻了两番，超过了每年500万贯。据统计，北宋铸造铜钱2.6亿贯，比其他朝代的铸币总量加起来还要多。这也反映了宋代商品经济的发达，而纸币的发明与流通，有效地弥补了宋铜钱流通的不足，或者说"钱荒"。

　　从信用的角度审视金融史，可以清晰地看到现代中央银行起源于私人银行的发展轨迹，而现代纸币的前身交子，同样起源于民间。可见，金融信用首先来自市场，而不是权力所赐。

　　但是，交子诞生之后的好局面，并没能持续多久。战争打乱了宋代的经济发展节奏，交子随之步入超发状态。官方交子发行量与流通中的交子数量不断攀升。到了哲宗绍圣年间，大概是公元1094年到1097年，陕西战事使交子的"界"以及发行都已出现混乱，原来的信用体系逐渐被打乱。除了发行增加带来的混乱，货币需求减少也是一个原因。为了应对财政压力，宋代茶叶逐步从私人经营转向国家垄断经营，这看起来对国家财政有益，其实导致交子需求降低。货币需要商业的支撑，供需失衡之下，人们对于交子有了贬值预期，又导致交子进一步贬值。最后结果如何？新旧交子贬值为"以一兑四"甚至"以一兑五"，这意味着，价值只有票面的五分之一。最终，交子和古代多数货币一样，不得不被官方和市场放弃。

到了宋徽宗年间，伴随着与西夏的战争，战争开支再一次急剧增加。于是，交子无奈改为钱引。所谓钱引，也就是此前在陕西等地已经流行了很久的票据。而相对交子而言，钱引更是增发无序，"较天圣一界逾二十倍，而价愈损"①。因为缺乏资本金，所以钱引贬值速度更是惊人，"不蓄本钱，而增造无艺。至引一缗，当钱十数"②，缗表示成串的铜钱，一般每串1 000文，这样已经贬值超过十分之九了。

值得一提的是，钱引到南宋时仍旧存在。宋高宗南渡偏安杭州后，以70万贯铜钱准备发行3 000多万贯钱引。史书如此

①② 徐瑾：《白银帝国：一部新的中国货币史（修订版）》。

记录当时货币发行的盛况："绍兴七年，通行三界，发行数达三千七百八十余万贯。末年，增至四千一百四十七万余贯，而所有铁钱仅及七十万贯。"①

你看，交子既然已被迫走上疯狂的通胀之路，那就无法逃脱陨灭的命运了。社会学大师马克斯·韦伯在研究中国的过程中，就提出一个悖论。一方面，中国货币经济直到近代几乎都还比不上公元前埃及托勒密王朝时的货币发展程度；另一方面，中国货币制度却糅杂了极显著的古代与现代的特征。②对比历史，我们不得不感叹货币的巨大力量，也不得不感叹货币无法脱离政治经济而存在的无奈。大历史的走势，最终仍旧取决于国家制度的运行。

---

① 徐瑾：《白银帝国：一部新的中国货币史（修订版）》。
② 参见马克斯·韦伯：《中国的宗教：儒教与道教》第一章，康乐、简惠美译，上海三联书店 2020 年版。

白银：中国为什么一直用白银

提起货币，马克思的一句话很精彩，"金银天然不是货币，但货币天然是金银"。不管这话对不对，但确实说明了贵金属很重要，更不用说，在人类历史上，很多时候金银等贵金属，是作为货币使用的。

如果把文明定义为文字诞生，货币的历史可能比文明更古老。早在公元前1776年，《汉谟拉比法典》由中东地区的古巴比伦国王汉谟拉比颁布。这部法典被认为是最具代表性的楔形文字法典，也是世界上现存的第一部比较完备的成文法典。《汉谟拉比法典》原文刻在黑色玄武岩石柱上，石柱高2.25米，上周长1.65米，底部周长1.90米，现保存在卢浮宫。其中不少法律条纹，都和货币有关，比如自由民找到逃亡奴婢而交还其主人者，法典明确规定奴婢主人应该以一定重量的银作为报酬。可见，白银在巴比伦已经明确作为货币。

黄金白银作为贵金属，在不同地方的神话中往往有美好的寓意，甚至不乏神秘的图腾寓意。比如，在欧洲，金属的英文"metal"源自希腊语"μέταλλο"，意为"月亮"，最接近月亮的金属自然是白银。在遥远的印加帝国中，黄金则被认为是"太阳的汗水"，有为国王加持力量的作用，白银则是"月亮的泪水"。

西方人偏好黄金，西方人探索新大陆的动力之一就是寻找黄金，对比之下，中国人看似偏好白银，直到 20 世纪初期，中国都还是流通白银。我们前面谈到了，中国在 1 000 年前的北宋，就发明了世界上最早的纸币。既然如此，为什么中国后来一直用白银，纸币不是方便么？这样的货币变迁的背后，其实隐藏着中国历史的重要线索。

银，在古代也叫白金，是价值仅次于金的贵金属。从古至今，中国历史上对于白银的偏好几乎随着时间日益加深。

银在春秋战国，已经具备货币的部分职能，目前能够找到当时的各类银贝等货币出土。即使如此，五代之前，银更多的是作为装饰和赏赐，在秦汉之间银并不作为主要支付手段，历史书上甚至特别说"不为币"。五代后，白银才开始逐渐用作支付，两宋后白银逐步进入民间，与钱并行使用。很多人都知道，直到明代中晚期，白银正式完成在中国的货币化，一直被使用到 20 世纪 30 年代。这 500 多年间，中国经历了大大小小的战争，浩劫无数，始终固守白银，其间银两和银元通用。可以说，白银从最开始不作为货币，到最终成为法定货币，经历了几百年，其在中国的货币化历程很曲折。

后人往往把银本位的确立归功于明代，但这条路并非明朝皇帝的选择。明代官方对银的态度分外矛盾，经历了从最初抗拒，甚至严刑峻法禁止使用白银，到最后，不得不接受的过程。

刚开始，明朝沿袭元代的做法，试图用纸币代替铜钱和白银。禁止白银是为了推广纸币，不让白银与纸币竞争。在朱元璋主导的大明宝钞的设计中，基本态度就是民间金银只能卖给政府。官家动用权力来捍卫大明宝钞，不用宝钞的可以罚款一万贯，全家发配边境。

虽然有权力加持，但是市场有自己的逻辑。官家的刚性管理，并不能控制好纸币，大明宝钞逐渐贬值，最终被市场淘汰。纸币的没落与退出，对应着白银的胜利与地位的确立。根据经济学家塔洛克的研究，明朝纸币的退出存在临界点，也就是 14 世纪 90 年代早期。明朝洪武二十六年（1393 年）铜钱流通被暂时禁止，但到 1400 年，纸币已经跌到了面值的 3%。明朝官员薪水本来就低，里面不少还是宝钞，自然也怨声载道。

普天之下，莫非王土，但历史发展往往不以帝王意志为转移，货币更是如此。明初的白银禁令其实一直没有被严格遵守，尤其是所有滥发纸币都不可避免地面临贬值问题。到明英宗在公元 1436 年登基之后，不得不放宽对白银的禁令。朝廷民间开始重新使用白银。

到 15 世纪初，明代政府终于放弃大明宝钞，承认白银的地位，税收也开始以白银支付。白银至此终于成为主角。

另一方面，中国虽长期用白银，但其实产银并不多，可以说是贫银国。中国产银量究竟多少，可以从《明实录》中对白银赋税的大概计算，推算出明代白银产量并不算多，平均每年 30 万两略多。

一个产银不多的国家，如何在近 500 年中，一直维持银本位制？答案在于海外白银。彼时，日本、美洲的白银大量流入，万历年间明代也大开银矿。学者强调，明代这一期间的"炼银热"趋势与世界同步，当时的日本、德国也是如此。从此，海外白银滋润了中国经济，但是这也有风险。为什么这样说？白银类似当时的外汇，随着海外白银流入的减少或者增加，明清两朝甚至民国政府没有办法主动控制，经济随之波动。也正因此，很多人抱怨，白银是中国落后的原因。早在白银货币化的明末清初，不少启蒙思想家就抨击白银，视之为大害，黄宗羲说它是"天下之大害"，王夫之也表示过类似的观点。

与此同时，由于白银的度量单位不一，中国货币制度空前混乱，而混乱的币制进一步造成经济金融紊乱。用银，也因此成为一种落后的象征，甚至被看作是一种"白色的诅咒"，成为帝国落后的镜面投射与无奈脚注。直到今天，不少观点仍旧强调正是因为中国用银才丧失货币主权，导致中国在明清东西大分流时代的落伍，错失了工业革命。按照这派观点，大明帝国的灭亡根源之一在于李自成起义，而这与海外白银流入减少有关，甚至晚清与民国几次白银流入的变化，都触发了经济危机乃至战争。

怎么看这类观点？事实上，白银在中国的失败，只是帝国大失败的一端而已。在经济系统性改造之前，货币金融难以有实质性突破。从大明宝钞和白银的对决中可以看出，白银胜出是市场的选择。这个结果，是皇帝不愿意接受的结果，但也是皇帝也不得不勉强接受的结果。但是，经济学告诉我们，任何事都有代价。可以说白银的最终胜出，虽然是市场的选择，也不过是勉强胜出，可谓惨胜，甚至是政府民众的"双输"。

究其原因，在于中国一直无法摆脱既定制度惯性的束缚，白银体系也一直未能进化为银行体系，货币与金融无法为经济带来更大的成长空间与第一推动力。根本原因在哪里？制度。在政治与资本之间，在人治与法治之间，作为企业家与社会的中间力量的制度总是弱势甚至缺失。于是，资本要么得不到政治保护而湮灭，要么就是汲汲寻求政治保护而自我窒息。可以说，自古以来，中国商业的失败与成功往往与政治休戚相关，货币和金融尤其如此。

就这样，在过去千年，白银被爱慕，被渴望，也被诅咒，被抱怨。而白银流入的速度变化，牵引着中华帝国的命运之线。

白银法案：民国如何走向法币

中国选择白银，是一个无奈的结果，这个选择维持了几百年。最终是怎么终结的呢？这是一个重大历史事件，其中还涉及民国的兴衰。

故事始于大萧条，这场危机改变了世界运行的逻辑。但是对于中国来说，情况有点不一样。由于中国用白银，使得中国的步调与世界有所不同。这分为两个阶段，最开始，由于主要国家都是金本位制，而中国是银本位制。所以，最开始这段时间，白银下跌，对于中国来说汇率贬值。汇率贬值对经济有宽松的作用，随之中国经济出现了一轮复苏。当时经济不错，不少城市出现繁荣迹象，随后就变成过热。白银加剧流入中国。那时候，游资不断流入中国，游资就相当于现在说的热钱。上海租界的房价达到一个历史高峰，高房价下各类分租相当流行。这有点类似十年前的中国经济，汇率低估导致经济过热、热钱涌入。

这是第一个阶段，对中国而言，真正的考验从第二个阶段开始，也就是从 1933 年开始。那一年，在大萧条之后，曾经引领世界风气之先的金本位制，却显得过时了。金本位制成为名符其实的"黄金枷锁"。从当时各国的经济来看，哪个国家先脱离金本位制，哪个国家的经济就先复苏。美国从 1933 年 4 月开始脱离金本位制，美元开始大幅贬值。在美国脱离进金本位制之前，英国、日本等国在 1931 年就已经脱离金本位制。

美国脱离金本位制和中国有什么关系？关系很大。美国脱离金本位制之后，时任美国总统富兰克林·罗斯福在 1934 年 6 月 19 日签署了《白银法案》。这个法案的初始目的是产业保护。虽然美国白银产业从业人员在 1929 年不足 3 000 人，但是其政治影响巨大，涉及西部七个州。大萧条后白银价格下跌，这个时候维持白银高价对白银产业有利。在美国白银产业集团压力之下，罗斯福授权美国财政部在国内外市场收购白银。收购多少呢？要么直到白银价格达到每盎司 1.29 美元为止，要么美国财政部持有的储备白银价值达到黄金储备的 1/3。盎司是重量单位，一盎司等于 28.350 克。可以看到，这一法案出台完全出于政治因素，目的是提高白银价格。结果自然不会令人陌生，那就是美国纳税人对美国国内白银产业进行补贴，导致其产量从 1934 年的 3 300 万盎司提升到 1940 年的 7 000 万盎司。

对于国际市场而言，影响就更大了。在该法案推出之前，白银价格连连下跌，法案推出后，白银价格在 1935 年一路走高。这一突如其来的政策，导致国际白银价格急剧上升，其结果就是造成白银国家的困境，对于中国来说尤甚。

白银价格的上升，对于中国而言就是汇率升值。一方面，这

▲ 印加黄金美洲驼

　　公元 1400 年至公元 1550 年，来自秘鲁，藏于大英博物馆。在公元 1500 年左右，印加帝国是世界上最大的帝国之一，黄金在他们文化中非常重要，美洲驼常被用于运输。16世纪西班人征服了印加帝国，大量黄金制品被熔化带回欧洲，类似黄金美洲驼这样的幸存品非常珍贵。

图片来源：Photo © Wikimedia。

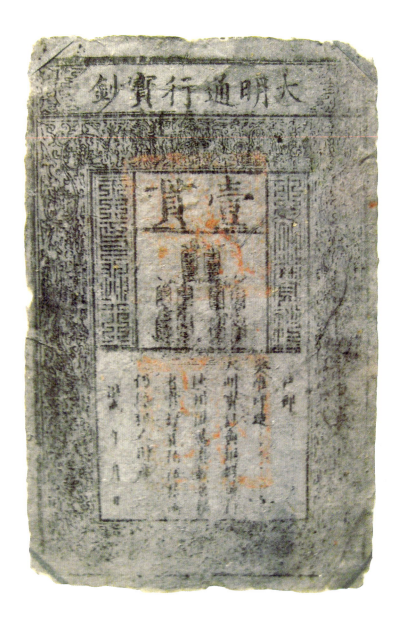

▲ 明代纸币

　　明代曾经禁止用白银，力推大明宝钞，但是白银屡禁不止。明代最终成为中国白银化的最重要一环。

图片来源：Photo © Wikimedia。

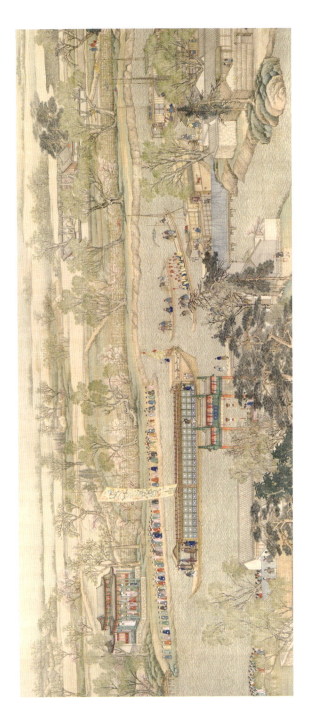

◀ 乾隆南巡图（局部）

　　清朝徐扬等人所作，本卷为大运河到苏州，体现了帝王出游仪式与江南的富庶，藏于美国大都会博物馆。

▲ 清代四川圆锭

清四川"荣兴楼"十两银锭。藏于中国财税博物馆。

图片来源：Photo © Wikimedia By 三猎。

▼ 晚清湖北官银

图片来源：Photo © Wikimedia By Gary Todd。

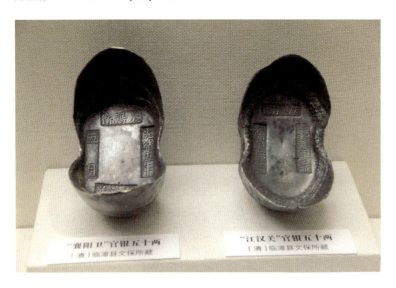

▲ 云南牌坊银

图片来源：Photo © Wikimedia By Baomi。

▼ 民国时期称量用戥子

图片来源：Photo © Wikimedia By User:CatOnMars。

▼ 昆丁·马西斯的《钱商和他的妻子》

▲ 英格兰银行

现代中央银行鼻祖，1694 年以私人银行方式成立，1946 年收归国有，1997 年英格兰银行成为一个独立的公共部门。

▲ 华盛顿艾克尔斯大楼 (Eccles Building), 即美联储总部

美联储全称为美国联邦储备银行（Federal Reserve Bank），是联邦储备系统所属的私营区域性金融机构，所以美联储虽然是美国的中央银行，但从成立之初就是一家私人银行。按照 1913 年《联邦储备法》，全美划分为 12 个联邦储备区，每区设立一家联邦储备银行并以所在城市命名。这一设计，初衷是为了避免货币政策决定集中或者被国家过度控制。

引发了国内通货紧缩，而对于大萧条之后的经济体，通缩是致命的。不少工厂关门，上海汇划钱庄几个月内倒闭了快五分之一。另一方面，白银开始外流，白银走私非常流行。《白银法案》签署后，有人估算将白银从上海运到伦敦可以获得15%左右利润，这导致走私猖獗。即使不计入走私，白银进出口也相当惊人。

《白银法案》的经济结果，其实可以预计，当时也有人发出过警告。但是对于美国人来说，一向是国内政治诉求高于国际诉求。政策总是被政治的逻辑强势推进。曾经，罗斯福这样回答："这是中国自己的事，并非我们的事。他们如果愿意，尽可制止白银外流，而我们不能只因为中国人不能保护自己就改变我们的政策。"

中国情况就很被动了，蒋介石1935年3月在日记中记录："财政困难，社会经济日渐衰败，可虑之至。"中国正在遭遇一次剧烈的经济危机，与此同时还面临来自日本的战争威胁。

这种时候，货币的变革就不可避免。1935年夏天，国民党代表聚会庐山，货币改革方针在"极端保密"中进行。中国金融的命运，就在1935年被决定。中国本来准备放弃白银选择金本位制。但计划赶不上变化，随着大萧条的来临，各国纷纷放弃金本位制，中国也放弃了金本位制的原计划，顺应潮流，一步到位实行纸币本位制。

从此，中国有了自己的纸币"法币"。法币的诞生，可谓中国货币制度的一个巨大跃升。不仅是从银到纸的变化，更是从金属货币变为信用货币。本质上，是经济从传统经济到信用经济的转变先声。

单就法币改革而言，业内人士对此评价其实是很不错的。白银与中国的诸多纠葛，从银两到银元，从混乱两制到银钱并用，看起来似乎也终于到了落幕的一天。

法币诞生之后，中国金融业，其实也由相对自由进入逐步统制阶段。不过，发钞权到了中央，有点儿类似交子发行从民间回归朝廷。法币诞生之后，民国政治经济也相应出现了巨大变化。

从银本位制转向法币，本身是一把双刃剑。一方面是好事，是商品市场的交易成本降低，结束了中国混乱而落后的货币格局。另一方面，是国民政府的权力范围在此期间大幅扩展。币制改革使得多家银行的发行权被剥夺，其发行准备也被接收，钱庄也因运转不良而被监督管理，进一步被控制。经济学家马寅初就评价法币，"实开中国货币制度之新纪元"。随后，他马上也表示对通货膨胀前景的担忧，"此次新币制，既不许兑现，故其本身即非通货膨胀，但已造成通货膨胀之基础条件；今后政府是否以此基础条件为根据而实行通货膨胀，则需视今后事实之表现也"。[1] 事后来看，马寅初不幸言中。

在法币年代，战争的逻辑也一如既往残酷。华东地区的沦陷，使得关税、盐税、货物税三大税收主体遭遇巨大冲击，国民政府刚刚恢复的财政能力，马上无法支撑下去。法币因为起初得到英

---

[1] 徐瑾：《白银帝国：一部新的中国货币史（修订版）》。

美支持，在抗战初期相对稳定。随后在财政入不敷出的情况下，国民政府不得不走向赤字财政，在压力下印钞。当时，财政赤字占财政开支比例最高曾达 86.9%，这使得印刷法币成为维持战争的生命线。然而，问题在于，印钞的速度也无法追赶财政收入的下降。随着军费开支飙升，法币开始无可避免地滑向通货膨胀的深渊。

货币大师弗里德曼等人事后就说，国民党政权垮台，要怪到美国的《白银法案》。美国几千白银工人的诉求，就改变了民国货币走势甚至国运。这算是货币的蝴蝶效应吧。

金圆券：国民党政权如何垮台

一谈到法币，很多人印象就是通货膨胀。这也不奇怪，货币变迁，在当时战争情况下，可以说非常曲折。我们今天就聊聊这段历史。

几年前，有部电视剧《北平无战事》很热门，也带动人们重新关注 1948 年金圆券币制改革。在很多人看来，通货膨胀造成了 1949 年巨变，也在人们心目中留下对通货膨胀的巨大阴影。那么金圆券到底是怎么一回事呢？在那一幕充满疯狂、欺骗、贪婪、权力的闹剧中，理性和历史分别扮演了什么角色？在这个过程中，无数沉默的大多数，他们的选择与命运又是如何？

要谈金圆券，就不得不回到 1948 年。1948 年而不是 1949 年，其实才是国民政府命运的转折点。进入 1948 年，战事仍旧紧张。内外压力之下，1948 年 5 月民国政府举行"行宪国大"。当时蒋介石已经下决心挽救颓势，他在 5 月 10 日一条日记中写道："深夜静虑，此时只有前进，方是生路。凡事不能必其成功，亦不能过虑其必败。"①

　　诸多布置之中，币制改革是他的一个重要赌注。逆水行舟，蒋介石在 1948 年 10 月声称，他的对手最怕两件事："一个是世界大战，而明年大战就可爆发；再一个是改革币制，稳定经济。"②

　　根据《金圆券发行法》，金圆券发行采用十足准备，其中必须有 40% 为黄金、白银及外汇，其余以有价证券及政府指定的国有事业资产充当。由中央银行发行，发行总额定为 20 亿元。可以说，收缴金银和限价政策是金圆券政策两大支撑，城市是国民党经济的命脉，上海、天津、广州三大城市是这场经济战争的主要战场。蒋介石命令各大都市派遣经济督导员，儿子蒋经国也去了最重要的上海协助督导，还上演了金融"打老虎"的戏码。

　　从相关史料看，币制改革的前 40 天可谓成功。虽然一些商品紧俏，但大部分商品价格都回落到限价之前。根据《申报》等新闻报道，当时民众竞相排队换取金圆券，中央银行窗户甚至被挤坏。金圆券发行一周时，已有金银外币折合 2 720 余万美元兑换成金圆券。蒋介石也在日记中写道："对于人民如此拥护币制改革政策颇感意外与欣慰。"③

　　很多亲历者确实也记录过，市民阶层排队换取金圆券，甚至穷人也把仅有的一点金银首饰交出。大家相信这个政府，结果

①②③ 张秀章编著：《蒋介石日记揭密》，中文在线数字出版集团股份有限公司，2007 年。

呢？1948 年 11 月 16 日，根据央行行长俞鸿钧的报告，收到黄金166.3 万两、白银 893.7 万两、银元 2 403.8 万元、美钞 4 773.5 万元、港元 8 732.5 万元，合计折合 1.9 亿美元。当时，国民政府并不完全清楚，这大概是他们从金圆券中拿到最多的东西了。那么，他们准备好失去什么了么？

金圆券在初期的短暂成功之后，便迎来第二阶段，9 月底成为一个关口。9 月下旬，金圆券继续发行，快到 9 月底已经发到12 亿元，即将接近原来预定的 20 亿关口。此时限价以及管制斗争也在进行中，关于金圆券兑换外汇黄金的期限是否突破，也成为要点。

从市场层面来看，无论如何评价行政管制，限价逻辑的短板在于，或许可以维持一时一地的局面，但结果一定会导致短缺，而短缺必然导致抢购，而与抢购对应的必然是囤积，不分商家和个人。你想一下，如果你遇到限价，难道不会去提前抢购么？从9 月 30 日到 10 月 7 日，全国各地出现抢购现象，南京、上海等地粮食尤感奇缺。根据《大公报》等媒体报道："商店纷纷藉词休息，甚至民众赖以生活之食粮肉类亦均无法购置，以致造成人心空前之恐慌。"

金圆券发行因此划分为两个阶段，最开始的 40 天达到预期效果；9 月下旬之后则突变。蒋经国在 10 月初，也不得不承认"一切都在做黑市买卖"，"一般中产阶级，因为买不到东西而怨恨，工人因小菜涨价而不满，现在到了四面楚歌的时候"。①

通过币制改革来获得更多的美国援助一直是国民政府的如意算盘。但是10月没有获得美国贷款，其间更是因为金圆券加速发行，爆发抢购风潮，黑市猖獗，市面惨淡。

无论是此前按时交纳的人们，还是持币观望者，都在看政府何去何从。国民政府先底气不足，决定收兑金银延期1个月到10月底，这无异于为金圆券信誉的破产埋下大坑。随后，行政院10月26日调整限价，28日又决定粮食可自由买卖，货物可计本定价。11月1日，国民政府实在坚持不住了，颁布了《改善经济管制补充办法》，正式宣告放弃限价政策。同时，修正金圆券发行办法，金银外币准许持有，银币准许流通，政府铸造金圆，金圆券存款时得以同额金圆券兑换金银。

如此一来，金圆券大为贬值，白银倒是重见天日，可以重新使用。当时的媒体自然不会放过批判的机会，《观察》社长和主编储安平就认为政府自己率先破坏了金圆券，政府自己先就做了国家民族的敌人，让原本按时交出金银的民众被利用。

限价放开之后，金圆券发行额度自然也难以守住。截至1948年11月9日，金圆券已发行19亿余元，而军费仍旧继续需要供血。失去限价以及发行额度的金圆券改革，从官方层面宣告失败，不到70天的坚守付之东流。

---

① 《蒋经国自述》，湖南人民出版社1989年版，第188页。

这一结果彻底宣告了金圆券的破产，相关人物也相继离职。蒋经国于 1948 年 11 月 6 日辞去上海区经济管制副督导员，财政部部长王云五辞职，行政院长翁文灏辞职。金圆券无法支撑，战况也加速恶化，随着济南失守，国民党的军队军心涣散。从外部情况来看，1948 年也是大选年。美国大选结束，11 月 2 日民主党候选人哈里·S. 杜鲁门（Harry S. Truman）当选美国总统，国民党看好的原本是共和党候选人杜威，押宝押错，又给了国民政府一次致命打击。

金圆券翻云覆雨之间，中产妇孺的财产被洗劫一空。最讽刺的是，此前守法的人，显然是损失最多的人，而那些抗命以及观望的人，再次显示了世俗智慧的正确。历史学家总结，"发行不到 3 个月的金圆券完全失败，前此以金银外币兑换金圆券的守法良民为之破产，怨声载道，加速了大局的崩溃"。①

回顾历史，可以得到什么教训？货币和财政、军事其实不分家。如同历史中的其他纸币，法币最开始稳定，后来轻微通货膨胀，再一步步陷入高通胀而不可自拔，最终导致了金圆券的推出。法币与金圆券失败的根本原因和宋代交子等历史案例很相似。其逻辑，仍旧是战争失败与财政危机的双重叠加，官方企图以货币的形式拖延时间，却最终失去了时间。

回顾中国货币史，从海外白银流入开始，到收缴真金实银结

---

① 郭廷以：《近代中国史纲》，香港中文大学出版社 1979 年版。

束，这就是中国白银五六百年的循环。其间有无数王朝的兴起与
陨落。其中，也有不少聪明人的努力与奔走，一切都在历史之中
回响，历史的循环之中，有无数的"天问"，等待等不到的答案。
货币的灾难，也是人性贪婪的结果，更是制度的大失败。

复本位制：西方的金银博弈

前面几节，我们谈到中国一直没有处理好货币，实际上，货币的坑，西方也不是没踩过。

历史上，金银复本位制曾经是欧洲的主流。按照学者研究，19世纪初，只有英国完全实行金本位制，而德国、奥匈帝国、俄国等国都实行银本位制，复本位制国家在"金币和银币集团之间架起了联系的桥梁"。就算是英国，转向金本位制之后也维持了白银法定地位很多年。复本位制的本质，是保证金银可以共同在市面上流通，而黄金的单位价值过高，也给予白银的日常广泛使用以空间，反对金本位制的人曾经嘲笑"金币被当作富人的零花钱"。

而白银的非货币化，要到1774年才发生。甚至，直到1821年，白银在小额交易中的法偿地位才完全废除。

复本位制可以看作"用两条腿走路"，听起来不错。理想的情况之下，市场会根据金银比价自动调节，从而达到稳定的效应。然而，理想很美好，现实很骨感。实际上，金银比价更多时候随着资本流动而波动，不能自动稳定。比如17世纪，大量巴西黄金被运到英国，会诱使人们利用金银之间的不同比价套利，加大了比价之间的不对等。类似的外生效应，实质上导致了复本位货币制度的"跛足"情况，甚至不如"一条腿"便利。

这一情况下，也诞生了著名的格雷欣法则（Gresham's Law），也就是所谓的"劣币驱逐良币"。在复本位制之下，这一法则表现得很典型：当银币或金币市场比价与法定比价不同时，市场比价比法定比价货币高的货币，也就是良币，将逐渐减少；市场比价比法定比价低的货币，也就是劣币，将逐渐增加。

这是在一个国家之内的情况，在不同国家之间的情况就更复杂了。不同复本位制国家的金银官方定价的不同，往往引发国际资本流动。比如14世纪，法国将黄金与白银比价定为11.11，而英国则略高，为11.75。这意味着在英国白银被低估黄金被高估，最终的结果，就是白银流向法国，而在英国则留下黄金。

类似的案例在几个世纪内数不胜数。可以说，在西方，白银也往往成为麻烦的开始。金银比价的波动，往往导致货币重铸，随后，又进一步引发价格失衡。

在这样的困境中，英国开始突围。货币制度转向金本位制，也是从固定黄金白银比价开始，是在1717年，这被视为金本位制元年，而其中离不开牛顿的作用。

对，就是那个牛顿。你当然知道物理天才牛顿。事实上，从1699年到1727年，牛顿担任了28年的伦敦铸币厂厂长，从时间跨度来看，几乎接近他作为物理学家的30年。他被封勋爵，也是因为在铸币厂工作得力。

作为金融家的牛顿，在金融史上留下重要一笔，后世则褒贬不一。他在铸币厂的任期，正好对应着英国转向金本位制的重大时刻。在英国白银外流货币重铸泛滥之际，牛顿在1717年将黄金价格定为每"标准金"等于3英镑17先令10便士——牛顿如何核定这一比价无从考证，但是他的这一举措，对于英国金融历史具有重大意义——可谓又一枚不知为何砸中他脑袋的苹果。

有意思的是，这一比价并不完美，甚至是一个错误。可以说，这一比价定得过高。这样的金银比价导致了一连串效应，却也产生了出其不意的结果。牛顿的定价，导致白银继续流出英国，英国从此之后逐渐全面拥抱金本位制。于是，在牛顿确定黄金价格99年后的1816年，英国从法律上宣布成为金本位制国家，而这一制度与比价奇迹般地维持到现代。故事的发展，最终对英国是利好。

最为苛刻的金融史学家，对此也不得不给牛顿一些正面评价，那就是，或许源于他无知无畏的举措，金本位制可以被认为始于1717年。无论如何，历史如此记载："1717年英镑按黄金固定了价格，这个价格一直延续到1931年，其中从1797年至1819年之间和1914年至1925年之间中断过。"[①] 可以说，金本位制胜出是一个意外，在欧洲主要国家历史上，白银其实更重要，凯恩斯就

---

① 徐瑾：《货币王者：中央银行如何制造与救赎金融危机》。

说，白银长期居于支配地位，白银的优越地位从未被撼动过，"只是到了大战爆发之前的 50 年时间里，黄金才击败白银，取得了最终的胜利"。①

至于其他国家，其实是在 19 世纪模仿英国 18 世纪的步伐，放弃错乱的复本位制，让金本位制最终胜出。随后，以往复本位制时代因套利重铸引发的货币紊乱，也随着银行券、也就是纸币的发明，最终得以缓解。以金本位制为基础的英国模式，成为 20 世纪后的主流模式。

金银之间的历史博弈，最终以金本位制胜出而结束，原因在哪里？首先，英国率先采用金本位制，这一看似偶然的因素，其实是最重大的因素。其次，过去欧洲热衷的复本位制过于麻烦，也是重要原因。黄金和白银如何确定比价是复本位制的一个难题，该比例往往因为产量波动等外部因素而变化，造成了麻烦的开始。某种程度上，与其问这些国家为何在 19 世纪末期，集体转向金本位制，不如问，为何复本位制可以支撑几百年？复本位制能维持那么久，一方面源于体制惯性，复本位制之下，国家有权核定金银比价，也为征收铸币税多了一重保障；另一方面，则是等待技术进步，随着蒸汽机技术进入铸币场，黄金的铸造和切割就更加便利了。

---

① 徐瑾：《货币王者：中央银行如何制造与救赎金融危机》。

黄金：商品本位制不是乌托邦

遇到通胀时，不少人都很怀念贵金属作为货币的时代，毕竟你没法随便印刷出黄金白银来。但是，这样的时代，就那么美好么？未必。

中国人说"有钱能使鬼推磨"，西方人也迷恋黄金。哥伦布之类的冒险家，更是礼赞黄金，不到 100 天就提到 65 次之多，他在 1503 年寄自牙买加的一封信中写道："黄金真是一个奇妙的东西！谁有了它，谁就能要什么有什么。黄金甚至可以使灵魂升入天堂。"①

马克思一边引用哥伦布的话，一边又不无嘲讽地将 16 世纪和 17 世纪比作资产阶级社会的童年时期，"一种普遍的求金欲驱使许多国家的人民和王公组织远征重洋的十字军去追求黄金的圣杯"。②无论我们承认与否，历史总是映照现实，黄金对于人类有种致命的吸引力。你会发现，直到今天，黄金（或者金本位制），还有那么大的吸引力。那么，为何从经济学家到阴谋论贩卖者，一直有

---

① ② 徐瑾：《白银帝国：一部新的中国货币史（修订版）》。

人不遗余力鼓吹金本位制？

究其原因，关键还是在于对于通货膨胀的深深恐惧。确实，20世纪数次恶性通货膨胀的惨烈记忆，几乎都与政府不受节制地滥发纸币有关，这都是金本位制溃败之后的故事。黄金崇拜从原始记忆到历史教训中不断加强，难怪金融史学家感叹，直到今天，金本位制仍然意味着货币实际价值的稳定性，胜过美元等主权纸币。

这些恶性通货膨胀灾难，往往发生在法币（纸币）体系中。从魏玛共和国"一泻千里"的马克，到不如纸张价格的民国金圆券，再到面额创下世界纪录的津巴布韦钞票，均是如此。对比之下，人们往往倾向于认为包括金银本位制等在内的商品货币，至少是实实在在，会带来稳定币值的安全感，甚至认为可以摆脱政府的控制。

昔日教训历历在目，无论国外数轮量化宽松还是中国所谓的"货币超发"，如今对于通货膨胀的担忧重启。于是，今日的黄金死多头仍旧比比皆是，每每呼吁在纸币时代重归金本位制的温暖旧怀抱。而大妈们买金抗通胀的新闻也一度刷屏。回归商品货币，似乎成为一种呼声。

然而，想象的美好并不足以抗衡真实的逻辑，金本位制的怀抱除了温暖，还有铁刺。在金本位制下，有我们同样不愿意接受的通缩痛苦。虽然金本位制听起来比较高端洋气上档次，但它本身也只是商品本位制的一种形式，商品本位制具有的毛病，金本位制身上同样有。还是宏观经济学大师凯恩斯做出了一语中的的评价，他早早就曾将人们对于黄金的一场狂热指斥为"野蛮的遗迹"——野蛮看似贬低，但也道出黄金对于世人的强大吸引力，毕竟野蛮背后是本能。

黄金的非货币化进程从 20 世纪 70 年代开始算起，加起来不过 50 年，对于黄金的完整认知还是需要厘清，也需要回到历史。

有人就曾抱怨："金本位一词包含的谬误，是最广泛欺骗了世界的谬误之一。认为有一种特殊的金本位，只有一种，这就是谬误。"这些错误，很可能会将世界推向毁灭的边缘。货币主义大师弗里德曼对于金本位制也不推崇，"尽管很多赞成金本位的人发表大量的言论，而今天几乎没有一个人实际上希望有一个真正、完全的金本位。那些自己以为要求金本位的人们所指的，几乎总是当代的本位或在三十年代维持的那种受到中央银行或其他政府机构管理的金本位"。①

事实上，这一争论在一战之后已经有定论。在一战之前，很多人都认为金本位制解决了货币的问题，但在一战之后，金本位制遭遇了巨大的挑战，最终在大萧条的旋涡中走上祭坛。弗里德曼认为回到包含金本位制在内的商品本位制不切实际，"对于建立一个自由社会的货币的安排而论，自动调节的商品本位既行不通，又不是解决的办法。它并不理想，因为，它造成生产货币商品所

---

① [美] 米尔顿·弗里德曼：《资本主义与自由》第三章，商务印书馆 2004 年版。

需的大量资源的费用。它行不通，因为，使它能生效的神话和信念并不存在"。①

弗里德曼总结道，真正的商品本位制已经远远偏离了不需要政府干预的简单方式，"历史上，在表面上能按固定比例兑换成货币商品的某种形式的信用货币已经伴随着商品本位——例如金本位或银本位——而发展出来。这种发展具有充分理由"。② 在信用货币挣脱金本位制的紧身衣逐步发展壮大之后，金本位制自然走到自己的终点。事实上，大萧条中，哪个国家率先脱离金本位制，哪个国家就能够率先终止信用坍塌的致命螺旋，并率先走出萧条。

这一过程自然并不容易。商品本位制在人类社会中本来就是普遍存在的。正如弗里德曼所言，商品本位制也是人类历史的一种常态，"在历史上，在许多不同的地方和几个世纪的过程中，最经常形成的一种办法是商品本位，也就是说，使用譬如像金、银、铜或铁、香烟、白兰地酒或者各种其他货物作为一些有形商品的货币"。③ 之前还有新闻报道说美国监狱伙食水平下降，方便面取代香烟成为新监狱流通货币，两包价值 0.59 美元的方便面，在监狱里却能换得超过 11 美元的衣物。

梳理之下，历史上黄金的货币化是数以百年的渐进过程。相应地，人们接受其退出货币角色也需要一段时间，至少心理上需要重构。其他商品本位制也是如此，从大家比较熟悉的金本位制，

---

① ② ③ ［美］米尔顿·弗里德曼：《资本主义与自由》。

到曾经流行的银本位制、金银复本位制，加上原始的贝壳等，都属于商品本位制。

西方对于金本位制的最终脱离，要等到20世纪大萧条才最终完成。正是由于大萧条的惨痛教训，金融界认识到金本位制与"流动性的最后贷款人"功能之间的矛盾，因为金本位制天然有发行约束，在危机期间，当需要中央银行承担流动性最后贷款人功能的时候，金本位制却做不到。

金本位制，常常被追忆，但它实际上是一种相对原始的货币形态，并不是很多人想象中抗通胀的利器，甚至也不一定能避免通胀，毕竟降低硬币中贵金属的含量就是统治者最喜欢做的事情之一，而削边、切割、磨损也是过去人们对金属货币常用的办法。

指望回归到金本位制甚至商品本位制，来回避政府权力，这本是不切实际的想法，也不符合历史演变规律。重要的原因之一就是商品货币不经济，商品本位制本来就是一种原始而占用资源的方式，弗里德曼因此谈道，"从整个社会的观点来看，商品本位的基本缺点是它需要使用真正的资源来增加货币存量。为了在诺克斯堡或一些类似的存放黄金储备的地方重埋黄金，人们必须在南非从事辛苦的劳动把黄金从地下挖掘出来。实施商品本位，需要使用实际资源的必要性构成一个强烈的动机，使人们想方设法不使用这些资源而达到同样的结果。假使人们接受上面印有'我答应支付若干单位的货币商品'的纸张作为货币，这些纸张就能起着和有形的黄金或白银同样的作用，而需要消耗的资源就少得多"。①

此外，商品本位制还有一些麻烦，比如因为生产受限于自然资源，商品货币往往会导致信用匮乏的钱荒。

另外，商品本位制虽然比以物易物进步很多，但本身并非通行无阻。商品货币本来就是各种规格、成分不易判别的混乱种类集合，即使金银等贵金属也时常面临伪造的可能，据说斯巴达人就曾被伪造金币骗过，而中世纪炼金术的狂热也令人印象深刻。货币种类繁多交易成本大，这在欧洲以及中国都不例外，本书在后续叙述清朝币值混乱时会再详细叙述。

混乱必然带来交易不便，对国际商贸发达地区的影响更大，正如亚当·斯密所指出的，热那亚、汉堡其通货很少全由本国铸币构成，价值不稳定，汇兑也会使商人们吃亏。流动不便利，显然加大了交易成本，也使得各种自行铸币甚至伪造货币滋生。这里补充一下，古代西方铸币权流落在民间，也就是说民间有权力自由铸币。原因很复杂，并不是因为某些研究者认为的自由选择，而主要是技术原因。过去官方货币往往也做得不好，所以无从剔除民间仿制货币。这种情况之下，即使官方重铸货币，也无法改变混乱局面。

总结一下，包含金银本位制在内的商品本位制，其本质都存在致命缺点。货币总是在权力和市场之间调整位置。经济学家张

---

① ［美］米尔顿·弗里德曼：《资本主义与自由》。

五常曾指出，货币的存在可以大幅节省交易费用，同时也强调背后的利益冲突，"发行或操控货币的人会有很大的权力，尤其是这机构是一个有专利或垄断性的政府。权力可以滥用。因为节省交易费用会带来巨大的利益，欺骗的行为容易出现"。[①]

我们多数人，无论对于现实的货币政策有多么不满，还是要接受一个现实，那就是我们来到了法币时代。这个时候，货币不仅仅是纸币，甚至只是一个数字，本质还是信用。

---

① 张五常：《经济解释》卷四，中信出版社 2014 年版。

银行：东西方货币史的分野

这一章我们谈了东西方不同货币本位制度对于经济政治的影响。我们看到，东方货币技术方面并不落后，从前面谈过的宋代交子，就知道中国发明了最早的纸币。但是，为什么原本金融落后的西方与原本金融领先的东方，却走向了相反的发展道路呢？核心原因在于，银行系统。

为什么银行很重要？因为没有银行，其实就没有国家。这里银行和国家，是说现代银行与现代国家。

为什么东方在近代之后落后于西方，这是有名的李约瑟之谜（Needham Puzzle）的衍生回音，或者说经济史的圣杯，迄今仍旧引发无数回音。历史学家纠缠于工业革命等宏大事件，而经济学家则摸索于手工业等细节，发展出种种说法。中国明清之后落后于西方，这被称为大分流。

在众多讨论中，货币金融的维度很少被提及。但实际上，欧洲在工业革命之前已经有了金融革命，而金融革命正是资本得以起飞的原因，它广泛地参与到工业革命的所有环节与过程中。以此而言，中国历史的死结并非使用白银，但是白银却可以提供中西历史大分流可能的解释线索。

让历史镜头回到 1262 年，世界文明的两个极点。西方的威尼斯与东方的南宋，都面临着来自战争的阴霾。我们知道，战争打的是钱，对应的融资需求更是千钧一发。几乎在同一时间，二者的当权者都设计出了应急融资方案，都涉及当时最为前沿的金融创新。

南宋当权者是宰相贾似道，他以不断贬值的纸币"会子"，购买公田，其实就是低价买民间田地，掠夺民间财富，用来作为军资。

对比之下，威尼斯则走了不同的道路。他们通过议会授权政府以税收作为抵押，当财政出现赤字的时候发行公债，付 5% 的利息。在后来历次压力下，威尼斯政府成功遵守了承诺，公债从无违约。事后来看，这一创新不仅解决了威尼斯生死存亡之忧，而且激发了政府债务作为资本的魔力。事实上，以此为发端，欧洲进入一个金融革命的时代。

至于南宋，滥发的会子并没有获得民间的青睐，官方于此之中所获相当有限，却成功地丧失了民意支持。甚至，民间的不满与动乱，变相为蒙古人兵临城下提供了方便之门。

可以说，在明清经济大分流之前，货币金融已经分野。中国在纸币的贬值中走向了白银之路，西方在公债的试验中走向了现代金融之路。历史可否假设？如果会子不贬值，也许贾似道也不会走到这一步，也许公田法就成功了，也许南宋就不会灭亡。但实际历史并没有如此演绎。东西方的金融大分流在13世纪甚至更早，已经注定。这个节点，几乎决定了两者后来的不同命运。

回到已经发生的历史，中国一直没有诞生现代金融，这一问题的症结在于，中国一直没有进化出银行系统。无银行，则无现代国家，反过来，如无现代国家，也很难诞生真正意义上的银行系统。更长远地审视，与东西方文明发展有关。学界往往以为，中国在16世纪甚至18世纪之后才明显落后于西方。不过，从货币出发，我认为经济大分流之前，已经出现了金融大分流。这一分流虽然隐蔽，却是一把理解历史真相的重要钥匙。

从经济史角度来看，从荷兰到英国再到美国，其崛起都离不开货币金融变革。即使19世纪晚期刚刚学步西化的日本与俄罗斯等国家，在国家现代化之际，都不同程度经历了金融革命。对比之下，中国的货币，早早地从宋代突进失败，从此后退，货币与金融体系一直处于前现代状态。

无论使用纸币还是白银，没有银行化，有什么问题？

第一，无法银行化也是中国的纸币化道路失败的部分原因，之后不得不走上白银之路。第二，没有银行，没有白银铸币化，就谈不上从银行券路径去创造更多纸币，货币只能以称量货币的形式存在，也就是各种银两、银锭等，导致各种混乱与落伍。第三，没有银行，中国的储蓄无法资本化。因为唯有贷款等业务才能解放资本的约束，创造更复杂的信贷交易。第四，没有银行，中国的商业机构也无法公司化，既无法做大，也无法走出人际关系限制。第五，还是因为没有银行，货币发行也因此未能集中化，无法衍生出中央银行之类的银行的银行。

如此，银行成为中国经济无法突破所面临的封闭循环的关键缺失。

对比之下，日本在19世纪数十年的变革中，其银行体系对于工业发展的帮助甚大。日本银行在试错中不断进步，先参考美国模式，然后参考了英国模式与德国模式，使得明治时期日本银行呈现出三种主要形态。首先是为财阀融资的超级银行，其次是政府设立的政策系银行，最后加上一千多家服务本地市场的小银行。如此，实业家与银行家与政治彼此结盟，带来日本现代化狂飙突进的一幕。

银行在中国难以生根的历史，也对应着白银在中国的挣扎历程，其实也是权力与市场力量不断博弈的历史。货币甚至金融业，作为商业的血脉，可以说是上层建筑的上层建筑。然而就历史处境而言，商业在中国一直作为政治附庸存在，金融业也就是附庸的附庸，也使得中国的货币金融难以取得真正的发展。也许，在技术层面有交子、钱庄、票号之类的零星创新，在系统以及制度层面却缺乏整体建树。

对比西方，明朝还在进行皇家纸币实验之际，欧洲已经诞生了最成功的银行家，如著名的"美第奇家族"。这一家族在14世纪初的佛罗伦萨，还被看作流氓。最后，他们却掌控了佛罗伦萨三个世纪。整个家族产生了两位教皇、两位法国皇后与多位王侯与大公，也资助了很多天才，如拉斐尔、达·芬奇、米开朗基罗等。他们的最大客户是君主与教皇，其影响力拓展到了政治领域。

这是中国古代商人难以匹敌的高度。当产权保护与人身安全都无从谈起时，权力对财富直接掠夺是最便利也是最直接的方式，何必考虑更曲折的银行之类的模式呢？春秋时期尚且有立主定国的吕不韦，而明清只有满门抄斩的沈万三。

可以说，中国古代的交子、钱庄、银铺、票号等金融实践，即使其技术细节与海外同类有相近之处，却一直没有发展出完善而强大的金融系统。它们的规模也一直不够大。信用拓展并没有走出人际关系太远。更进一步，古代金融往往是政府财政的副手，而后者的落后，毁灭了中国金融业的发展机会。中国商业的发达可以滋生出传统钱庄票号行业，却无法孕育出现代意义上的银行系统。

第1章中我们谈到银行在货币创造中起了很大作用，第2章则谈到中央银行的起因和作用，而本章则是对银行认识的深化。可以说，私人银行的诞生，才最终催生了中央银行，伴随着现代意义的私人银行的诞生，才导致了西方诸多现代变化。表面上，我们是在谈白银、谈黄金、谈纸币、谈银行，其实我们需要思考，决定货币的关键因素是什么。制度，显然非常重要，这是我们下一章将深入谈及的问题。

未来趋势：低利率负利率的世界，意味着什么

现代经济，货币政策影响巨大，例如近年来出现的低利率甚至负利率现象。负利率，意味着你把钱存在银行，银行不仅不给你利息，很可能，你还需要给银行钱。反过来说，你如果花钱，银行说不定给你钱。相比较于存钱银行给你利息的常规，这是不是很反常？

低利率扎堆的地方是欧洲。从瑞典、丹麦再到欧元区，利率一直走低，甚至有负利率现象。几年前，欧洲人就这样玩了。

负利率之风开始于中央银行。作为历史最悠久的中央银行之一，始创于1668年的瑞典央行率先开启先河。2009年8月，瑞典央行宣布对银行存款执行负利率政策，这也是全球首家出台类似规定的中央银行。随后，欧洲央行也跟进宣布执行负利率政策，在2014年将主要再融资利率由0.25%下调至0.15%，将存款利率由0下调至－0.1%。随后，不少中央银行则表示观望有意追随，日本等长期通缩的经济体更是如此。

如此一来，低利率甚至负利率不再成为特例，而成为货币政策"新常态"。有金融界的人抱怨，当下所有发达经济体的政策利

率都低于 2%，有的接近于零甚至为负值，而短短 15 年前被视为"正常水平"的利率是多少呢？ 5%。

低利率之下，不仅债券受到热捧，连各类负利率国债都倍受欢迎。更有甚者，丹麦有银行还推出了负利率房贷，十年贷款利率是负的 0.5%。这意味着你借钱还贷，银行每年还给你钱。

对于现代人来说，负利率是一件很魔幻的事情。一方面，太阳底下无新事，很多历史上的事会重演，很多现在的新事物只是过去的翻版；另一方面，形势日新月异，所以原来的知识和理论时刻需要更新。

负利率这件事，首先不是天方夜谭。欧洲银行很多起源于金匠，当时将金银给这些手工艺人保管，有时候是需要付费用的。这也就是古代版本的负利率。

其次，负利率在当下发生，的确意味着经济有了新变化。按照比较官方说法，利率指一定时期内利息额与借贷资金额的比率。前面我们谈到，货币就是一种债，那么，利率其实就是债务的价格。

中央银行为什么要实施低利率政策？简单，目标就是鼓励人们花钱。负利率流行，说明经济动力不足，中央银行不得不加大刺激。反过来说，负利率流行，其实也证明，投资不赚钱，经济体中的回报率在降低。

初看起来，负利率多少有点颠覆认知，但是经济学理论对此并不陌生。如果人们拥有太多现金而不愿意扩大消费，那么就可能造成"流动性"陷阱，这点经济学家凯恩斯很早就有过论述。随着很多资金被窖藏起来，对于经济状况改善大为不利，那么这个时候为了鼓励人们不持有现金，有必要对现金进行"征税"。同时，负利率还有一个重要的好处，就是低融资成本，鼓励居民企业政府加大开支，对于缓解实体经济下行的压力有帮助。

这是过去的理论，如今"现金"的定义已经变化，扩散到存款甚至流动性高的债券。而且，对于经济而言，一般储蓄者在支持投资方面的重要性也不那么重要了，更重要的是银行系统。换句话说，在通缩状况之下，最大的问题不是人们不消费，而是银行不放贷或者放不出去贷款。在经济状况不好的时候，银行惜贷符合其经营理性，但是对于经济复苏则是雪上加霜。如此情况之下，给予存款尤其是银行存款以惩罚性利率也可以理解。

如果负利率意味着到期收益为负，那么什么人在买入负利率债券？根据投行摩根大通前些年的报告，买入的有六类投资者，从交易商到中央银行都有。有意思的是，最大的负利率购买团体是银行和保险商等金融机构。这一群体也不傻，他们有自己的判断，那就是主要基于未来通缩考虑而不得不继续买入。同时，买入并不意味着持有到期，在各国大举量化宽松的情况下，国债仍旧有提前转手的机会，比如欧洲央行的后续购买。

如此看来，负利率是对于通缩的回应。实际上，我们谈论的负利率，是指名义负利率。名义利率并不等于实际利率，实际利率还取决于物价指数。实际上，负实际利率在生活中经常出现，只要通货膨胀大于名义利率，负利率就会出现。这在通货膨胀很高的年代并不少见。中国存款在过去也长期呈现实际负利率，因为存款利率低于通胀率，存款放在银行，其实在缩水。如此看来，只要物价指数走低甚至为负，名义负利率往往并不意味着实际负利率，这也解释了为什么负利率国债还有购买者。

负利率，不仅仅意味着利率的变化，也会引发其他方面的新问题。作为印钞者，负利率真的不存在下限么？这取决于负利率能否实现其政策目标。按照理论推论，政策利率降低到负值之下，有利于进一步压低短期市场利率，从而有利于推升资本开支，也有利于说服居民降低储蓄、加大开支。但已经有学者提出异议，认为负利率带来的风险偏好的无序波动，可能反而引导银行采取更加谨慎的态度，这无助于经济体的信用扩张。实际上，从有限的负利率实践来看，很难说它达到了推升通胀、提升信贷的作用。

归根到底，中央银行对于货币政策的判断是否值得完全信赖？目前来看，我们别无选择，只能选择继续信任印钞者们，但是这种信任背后并非没有疑惑，即货币政策的边界是否正在重新被定义？即使负利率暂时离开了，也可能随时回来，对于可能行走在负利率世界的我们，不得不做好准备。

第4章

现代货币制度：从货币危机到国际货币

美元是我们的货币，但却是你们的难题。

——美国前财政部长约翰·康纳利

（John Connally，1917—1993）

伟大的国家才拥有伟大的货币。

——诺贝尔经济学奖得主罗伯特·蒙代尔

（Robert A. Mundell，1932—2021）[1]

何谓软实力？它是一种依靠吸引力，而非通过威逼或利诱的手段来达到目标的能力。这种吸引力源于一个国家的文化、政治理念和政策。当一个国家的政策被外界视为合理时，其软实力也会相应增强。

——美国政治学者约瑟夫·奈（Joseph Nye，1937—　　）[2]

在日益全球化的世界经济中，货币的未来是什么？这个问题很关键。虽然表面上看起来是技术性的，但货币管理对全球财富

---

[1] 参见蒙代尔：《蒙代尔经济学文集》，中国金融出版社 2003 年版。

[2] 参见约瑟夫·奈：《软实力：世界政坛成功之道》，东方出版社 2004 年版。

与权力分配的影响绝非中性。谁控制了货币，谁就可以获得真正的资源——各种商品和服务——这反过来又是获得经济和政治优势的关键。对任何国家的公民而言，货币是由国内或国外公认的机构管理，还是由其盟友或敌人来管理，这一问题绝非无足轻重。

——国际政治经济学学者本杰明·科恩

（Benjamin Jerry Cohen，1937—　）①

---

① 参见本杰明·科恩：《货币的未来》，上海人民出版社 2023 年版。

区域货币：欧元危机教训和启发

这一章，我们将站在全球视野下看货币。货币不仅仅是一个国家的货币，往往也是一个区域甚至全球的流通物。下面先介绍一下区域性货币制度。这种制度，顾名思义，往往是表示在一定区域国家经济联盟和货币联盟的基础上，由一家央行统一管理货币的制度。目前，最有名的区域性货币制度自然就是欧洲货币联盟，也就是大家熟悉的欧元。此外，还有西非货币联盟制与东加勒比海货币联盟制度等。

在区域货币中，欧元可以说是最成熟，也是美元之外最受欢迎的世界货币之一。欧元的历史并不老，但是欧元一体化的进程并不晚。第二次世界大战刚刚结束不久，在1950年5月9日，欧洲就发布了《舒曼宣言》，法国和德国达成协议将在同一监管体制下运营煤钢工业，这被认为是二战后欧洲一体化进程的标志性事件。随后，货币联盟的提议也显得自然而然。

欧洲建立单一货币体系的萌芽，最早可以追溯到1969年12月，当时欧洲各国领导人在海牙集会。还是法国人提出了货币联盟的想法，当时法国总统乔治·蓬皮杜提议建立一个欧洲货币联盟。这个提议在当时看起来并没有那么不合理，从经济上看是欧洲共同市场不断扩展的结果，从政治上看是结束两次世界大战之后欧洲不断融合的举措。1999 年 1 月 1 日，欧元先作为记账货币引入；2002 年 1 月 1 日起被正式用作现金货币；在 2023 年，欧盟委员会还公布了数字欧元立法提案。截至 2024 年，有 20 个国家使用欧元，有 3.3 亿人使用欧元，欧元间接影响到全球 4.8 亿人口，影响不可谓不广。

从欧元身上，可以看出区域货币的优势与劣势。区域货币的优势在于一体化，降低交易成本；但是劣势在于，如果经济体内部差异比较大，容易造成危机。典型就是欧元区货币统一而财政不统一，一旦有的国家财政出现问题，那么就会危及欧元区存亡。

你可能知道，2008 年金融危机的起因是美国出了问题。当时欧洲都在批判美式资本主义，但随后不久，欧洲出现了更大的问题，而且就像肥皂剧一样，各个国家各种戏码轮番上演。从希腊开始，再到葡萄牙、意大利、爱尔兰、西班牙，一个个国家爆出债务危机，这些国家也被戏称为"欧猪五国"。欧元区是否要救助这些国家，成为欧元区能否存活的关键。在 2011 年，一位讨论此事的法国代表团成员甚至说，有一刻，大家感觉欧元区显然可能已经解体了，"大家的感觉是，随着危机蔓延，在那一刻，已经处在崩溃的边缘"。

比如希腊几次闹着要退出欧元区，当时欧元区内部有不同意见。主要分为两派，强硬派认为可以接受，因为希腊留下来代价很大，而另一派则觉得，希腊如果退出，未知风险可能更大。在确定的代价与不确定的风险之间，核物理博士出身的德国总理默克尔，做了决定。她选择了支持希腊留下，这代表了一种理性的政策权衡。可以说，她的举措，也挽救了希腊和欧元。

欧元区的核心在于德国。作为欧元区的核心国家以及强势分子，德国在金融危机之后恢复得不错，成为支撑欧元区的重要力量。德国的立场选择，不仅决定希腊去留，也决定了欧债务危机的走势。因此，德国人总是认为自己在为欧债危机埋单。

但事实总有两面性。在过去，正是欧元的成立助推了德国的繁荣。因为德国在一体化的欧元区内相当于获得了一次性货币低估，其竞争力得到加强与扩大，在欧元区的广大市场支撑之下，德国经济发展不错，尤其是制造业和出口。可以说，德国因欧元区成功避免了类似日本和美国的产业空心化。所谓产业空心化，指的是制造业转移到国外，造成国内经济失衡。德国，就是制造业发展不错，成为发达国家中制造业立国的一个特例。也正因此，如果欧元区解体，德国的出口将遭遇打击，德国制造业的未来也不容乐观，甚至将岌岌可危。

更重要的是，德国强硬派的做法，其实也激发了希腊之外国家的一些方案分歧和反对声音。除了希腊等国退出欧元区的声音，甚至德国退出的声音也出现了，这是欧元区离心力的情绪反应。

汇丰集团首席经济学家，对于欧洲经济曾经有一个比喻。他将以德国为中心的欧元区形容为"地心说系统"。当欧元区外围国家，比如希腊与意大利等，深陷经济疲软的困境，甚至经济活动已经迅速萎缩时，位于欧元区中心的德国，在继续维持低利率以及正常的财政水平。换言之，过去的欧元体系确实存在不合理性，除了外围国家的过度举债，也有德国等核心国家汇率低估带来的危害。

抛开国别斗争以及党派利益，再看希腊退欧事件，这不是有些媒体说的希腊耍赖或者民主低效那么简单，背后有更复杂的原因。其实这不仅仅是德国和希腊的斗争，更是一场债权人与债务人的恒久斗争，是贫困国家与富裕国家的斗争，也是国家内部的贫富阶层之争。

首先，欧元区分歧是贫富差距在国家层面的体现，希腊的诸多表现也并非不可理解。随着新自由主义的流行，金融全球化升温，使得国家之间贫富分化愈加明显，但是二者之间谁为因果难以断言，是因为没有全面拥抱全球化而导致增长停滞，还是因为拥抱全球化过度导致竞争力受到损害？从更务实的角度而言，二者都有可能，面对危机，最不需要的就是将经济政策过度政治化甚至意识形态化。

其次，债权人和债务人之间的战斗无休无止。国家债务总是被认为是可靠的，但其实不少政府在过去数百年中的信用记录也不怎么好，主权债务风波也就是国家债务危机，总是隔一段时间就会风起云涌。危机中，希腊被丑化为赖账者，而德国的形象变为催债人，这种对契约带有道德化的简单解读，并不利于希腊现实问题的解决。情绪之外，仍需理性。

如果希腊以及其他国家无序违约，那么将是一场噩梦。其后果，也许相当于很多个雷曼兄弟倒闭的冲击。对于欧元区的最好出路在于两条，要么彻底对希腊债务达成一致，希腊留在欧元区，整个欧元区来消化这些债务；要么就是希腊退出欧元区，但是以有序的方式退出，如果有合适的机会也可以重新回来，这就要求欧元区有明确的退出以及加入机制。如果存在有序退出机制，对于这些国家而言，退出未尝不是一件好事，也许是重拾竞争力的机会。

最终希腊还是保留在欧元区，状况还不错，但欧元区的类似问题其实没完。

货币危机，往往是经济危机的最深体现。有人总结，这些年欧洲面临三大危机，对外是好战的俄罗斯和混乱的中东，对内则是欧盟政治、经济和外交紧张与日俱增。欧元区问题因为政治而起，表现形式为经济，最终解决出路还是政治。欧洲政坛倾向的方式是拖延，这对于经济来说显得缺乏远见，但在现实考量之中，不失为务实之举。外人看起来，可能觉得退欧与选举等类似肥皂剧，轮番上演。但是这就是政治的典型做法，在拖延中协调，以时间来换取空间。

在2019年末，当时的匈牙利央行行长就说，必须承认欧元是一个战略性错误。过去，人们认为，欧元是西欧一体化过程中正常的下一步，但是在先决条件没满足的时候，这其实成为了一个陷阱，没有人满意。他认为，维持一种成功的全球货币所需的大多数支柱，比如一个共同的政府、覆盖至少 15%—20% 的欧元区地区生产总值的预算、一位欧元区财政部长以及欧元区财政部，欧元区都缺乏，所以建议重修欧元协议。

事实上，回顾历史，从 20 世纪 60 年代末单一货币联盟的提议出来，货币联盟就不断遭遇各种批判。单一货币联盟提案在 1960 年末提出不久，经济学家尼古拉斯·卡尔多（Nicholas Kaldor）就提出了警告，他认为单一货币不仅不会整合欧洲，甚至会分裂欧洲，为此他还形象地引用了美国前总统亚伯拉罕·林肯的名言，"一栋内部分裂的房子是无法站立的"。但是这些侧重经济方面的批判总被有意无意忽略了，"泛欧主义"（pro-Europeanism）思潮之下，欧洲人沉浸在二战之后的欧洲伟大和解愿景之下，并且自愿酿造与饮下关于欧元的各种苦酒。

欧元区的问题，如何解决？就像我们说的，这就是区域货币的问题，货币统一、财政不统一就会出现类似的问题。欧元区是欧盟一体化急于求成的结果，比如当年希腊这样原本不够条件的国家，也可瞒天过海加入。欧元区面临的问题可能存在更好的解决方案，但是具体落实与操作仍旧需要政治与经济的协调。如投资家索罗斯等人就多次提议，在欧元区建立共同财政机构，加强欧洲央行的作用。后来处理欧元区危机的过程，某种意义上来说，正是为欧洲真正意义上的一体化扫除障碍。

欧元的经济账看起来不平衡，但是政治账却另有一本。欧元被认为是欧洲身份认同的核心，体现了欧洲再次融为一体的信念与愿景。正如欧洲任职时间最长的政府首脑、欧盟委员会前主席让-克洛德·容克（Jean-Claude Juncker），即使亲历了欧元危机，还是继续坚持"欧洲人，对我们大多数而言就意味着欧元"。也正因此，如果欧元问题解决得当，这不仅将是欧洲的骄傲，也堪称人类的里程碑。区域货币的未来，其实主要就看欧元成败。

世界货币：美元霸权怎么来的

与区域货币对应的，是国际货币。国际货币第一名就是美元。如果搞清楚美元，也就基本理清楚了全球经济思路。

大众经常会听到一个词，那就是美元霸权。美元霸权是什么？这是货币霸权的一种，也就是说，一种强势货币具备很多额外红利。从某种程度上来说，美元霸权是基于美国在二战之后的独一无二的地位，也是由其经济与政治实力决定。比如，全世界都流通美元，但是美元的发行与美联储的货币政策，却不必为全世界负责。再比如外汇储备，虽然大家都说要多样化，但是储备美元还是主流。再比如，美国还可以依靠美元优势，对一些国家实施金融制裁。

简而言之，多数贸易和结算都是用美元进行的，几乎所有的石油和天然气、国际债券、国际贷款和衍生品等重要合同也都乐于用美元计价。如此一来，很多人认为美国拥有一种"嚣张的特权"（exorbitant privilege），好像打个白条，就可以用它拿走世界所有的好东西。这个说法最开始来自法国人。战后法国总统夏尔·戴高乐曾经如此批评美元的特殊地位，"两场世界大战使其他国家沦为一片废墟，只有美国独善其身；因此全世界不得不赋予美国的货币一种巨大的、超常的特权地位"。著名经济学家巴里·艾肯格林（Barry Eichengreen）还用《嚣张的特权》这个名字写了本很有名的经典书籍。

所谓霸权，尤其在经济层面，我们要搞清楚，多数情况是一种市场选择。这是什么意思？所谓国际货币，就意味着全世界都需要。直到今天，美元仍旧是当之无愧的国际货币，依旧是各国中央银行最主要的储备外币。有记者就曾经感叹，"美元是世界之王，是世界的基石货币"。

而一个国家的货币要被市场接受为国际货币，需要自己有实力。它需要维持良好的经济，拥有比较好的投资回报率。拿美元来说。如果你不想用美元，你可以用欧元、英镑，甚至日元、人民币，但是问题在于，多数人为什么还是要持有美元？说到底，使用美元带来的优势压倒了不便。

而且，有时候越是高声大气抱怨美元霸权的国家，自己国家的货币往往越是不行，真到货币危机到来时，自己的货币贬值严重，出现黑市交易，反而就更离不开美元。最典型的就是俄罗斯的卢布危机。前几年卢布危机的时候，俄罗斯人曾经调侃说，迎来2015年，俄罗斯人最关心的普京、石油、卢布很可能都迎来63大限——63，对于普京而言是年龄，对于后面二者而言则是其美元价格。结果还没到2015年，石油价格和卢布都出现了重大问题。

俄罗斯出现这样的货币危机，自然会公开抱怨是欧美的封锁，导致了货币危机。但是事实上，卢布危机反映出俄罗斯内部不少经济问题。前些年俄罗斯经济表现出众，跻身"金砖国家"之列，很大原因是与石油等能源价格上涨直接相关；而后经济衰退，也是同样的原因，那就是国际能源价格走低，可谓"一荣俱荣，一损俱损"。本质上，仍旧是俄罗斯经济结构未能实现现代化的缘故。货币危机之下，政治强人如普京，也得誓言"拼经济"。在卢布危机中，即使再强硬表态，普京仍旧不得不挽救卢布，修补经济，而不是直接切断与世界的联系，关起门来自己玩。为什么？因为行不通。

2022 年之后，卢布再陷危机，表面看起来是货币危机，根子主要与地缘政治冲突之下的金融封锁有关。俄乌冲突之后，西方祭出金融制裁，可以看到，金融制裁比起普通贸易制裁，更为精准和有效，政府、企业、银行等机构，受到的打击比起普通消费者更为沉重。

美元的国际货币地位并非天生如此。一个国际货币的兴起，往往伴随着国家实力的兴衰。美元之前，国际货币是英镑。美元的兴起，和美国在 20 世纪的优势地位有关。可以说，美元强势是二战的遗产，或者说，美国在战后承担重建的责任，无论重整欧洲还是 WTO 等体系，这些举措的后果，使得美国成为国际秩序主宰者，美元走向独大。

具体而言，1944 年 7 月，西方主要国家在美国布雷顿森林举行会议，确定了一系列国际货币安排，被称为"布雷顿森林体系"。这一体系维持多年，本质就是以美元为核心的国际货币体系，也确立了美元独大的全球货币格局。

在布雷顿森林体系的设计中，美元挂钩黄金，其他国家货币挂钩美元，这赋予美元仅次于黄金的地位。而在实践中，美元结算所占比例远大于黄金，让黄金事实上退居美元之后。在这一体系中，金本位制所具有的一些弊端在很大程度上被克服，也帮助了西方世界的战后复苏。这一相对平静持续了20年，但美元以固定价格挂钩黄金却令美元实际汇率不断走高，叠加其他经济结构问题，美国一直承受着黄金外流的压力。最后，美国终于扛不住了，1971年8月15日，尼克松总统在全美电视广播中宣布"新经济政策"，其中对世界影响最重要的一条是，美国将不再用黄金兑换外国政府持有的美元。这不仅意味着二战之后金融秩序的瓦解，也意味着金本位制的最终退出。

讽刺的是，当时的国际货币基金组织总裁，甚至也就是比大众提前一个小时才知道这个消息，更不用说局外人了，比如说欧洲人。当时美国财政部长约翰·康纳利就非常直白地对一群欧洲官员说，"美元是我们的货币，但却是你们的难题"。话听起来不舒服，甚至很残酷，但是话糙理不糙，实际情况就是如此。

可以说，美国人的直率和美元的问题一样，让欧洲人很吃不消。讽刺的是，布雷顿森林体系在的时候，大家会抱怨，但是等它不在了，大家又会怀念。

美元遭遇的挑战，本质上是二战之后国际政治经济局势变化的体现。在布雷顿森林体系崩溃之后，战后体制在平静之中逐渐瓦解，甚至不需要一声戏剧性的响声。最近 40 年的巨大变化，先是布雷登森林系统瓦解，再是苏联的解体，接着是中国的崛起与美国遭遇金融危机。2008 年金融危机可谓断层线集中爆发，挑战巨大，好在有了上次应对大萧条的教训，"印钞者"们积极应对，使得金融危机没有酿成大衰退。但金融危机对于经济乃至社会的冲击仍旧没有完全平复，其深处的情感核心和隐秘诉求，其实是，有的人和国家不满于新自由主义主宰下的全球秩序。

美元的重要性不仅体现在危机时刻，在非危机时刻，美元走强走弱形成的周期，也会左右世界经济的潮起潮落。从历史来看，美元周期一直存在。美元汇率波动，不仅取决于美国基本面的情况，也取决于其他地区的情况，与全球资本走向互为因果。

1971 年，尼克松政府放弃布雷顿森林体系美元兑换黄金的固定汇率之后，美元周期性波动，往往是大约五六年一次。第一轮美元超级周期被认为是 20 世纪 80 年代中期，第二轮美元超级周期从 1995 年开始，2001 年是上一轮美元走高的高点；此后美元走低，在 2008 年左右达到最低点。2008 年金融危机之后，随着美国经济持续低迷，美联储推出几轮量化宽松操作，美元开始重新走出弱势，这一趋势一直持续到本轮新冠疫情结束，这意味着又一轮强势美元周期到来。

强美元周期更容易引发各种国际经济动荡，这个时候美国金融政策是否恰当，是很多国家的关注重点，因为美联储已经是某种意义上的世界央行。不论美联储的政策正确还是错误，世界都会承受其后果，无奈之余，大家对美联储的心态有点儿类似英国政治家丘吉尔所言："在美国人穷尽了其他可能性之后，我们总能够指望他们做出正确的事情。"

经济学家蒙代尔曾经说过一句俏皮话，"货币的最佳数量，就像神的最佳数量一样，是一个小于 3 的奇数"。这意味着，真正意义上的世界货币往往只有一个，而从现实与历史审视，不论美元有多少问题，在我们的有生之年，美元作为世界货币的故事，可能还长着呢。

日元：广场协议的真相与教训

美元霸权的背后是美国的政治经济实力，那么它有没有遇到过挑战呢？自然是有的，那就是日元。日元取代美元成为国际货币的声音，嗓门最大的时候是在 20 世纪 80 年代，那是"日本第一"的时代，也是日本经济的泡沫顶峰。

有观点认为，日元国际化并不是很成功，但是在国际货币的序列上，日元的地位其实相当不错。虽然没有美元那样广泛的流通领域，但是一直作为主流的避险货币而存在。国际政治经济学者科恩甚至将日元归为欧元一样的贵族货币，地位仅次于美元，身处国际货币的权力之巅。货币影响和一国经济密切相关，透过日元国际化的故事，我们可以审视日本经济诸多得失。

国内舆论界对日本经济存在很多误读。比如，谈起日元，说到广场协议，不少人就会说，就因为广场协议迫使日元升值，导致日本经济一蹶不振，所以广场协议就是美国人的阳谋。真是这样么？

所谓广场协议，是 1985 年美国、日本、英国、法国及联邦德国等五个工业发达国家的财政部长和央行行长在秘密会议后，达成的协议。这一次会谈地点在美国纽约的广场饭店，所以称为广场协议。广场协议的目的在于联合干预外汇市场，压低美元汇率，以解决美国巨额贸易赤字。会后，日元、德国马克等国货币大幅升值。

广场协议，在国际主流评论界，更多被赞许为一次成功，在事后甚至被评价为国际经济合作的巅峰之作。至于其后日本经济为何走低，背后其实有深刻的经济逻辑存在，并非如外界所想是政治阴谋的结果。

我们先看一下广场协议的大背景。随着 20 世纪 70 年代的结束，世界货币体系发生了重要变化。以美元挂钩黄金为基础的布雷顿森林体系在 1973 年瓦解，从此国际金融市场进入脱缰时代。当时，美国经济状况并不好，作为第一大国感到前途困顿，"滞胀"这个在当时看起来别扭的字眼成为大家的梦魇。可以说，美国崩溃的声音在当时就已经不新鲜了，保守党总统里根出人意料地当选，力图以"里根经济学"重新振作美国经济。

与此同时，日本经济则持续位于上升通道，日本商品廉价又实用，出口很厉害，日本机构也开始在全世界买买买，"日本第一"的口号开始流行。美国对日本庞大的出口顺差很不满意，有人就觉得日本是在压低汇率来保持出口优势。

一种在中国国内流传很广的观点，认为正是广场协议迫使日元升值，引发日本制造业转移到国外，这导致日本后续的"失去的二十年"。真实情况真的如此吗？让我们看看参与广场协议谈判的人给予的澄清。

行天丰雄是当时日本负责国际事务的大藏省副财长，直接参与了广场协议谈判。行天丰雄作为经济官僚在日本影响深远，他从20世纪50年代进入大藏省，服务长达30余年，参与包括"广场协议"等一系列日元国际化过程，被称为"日元大师"。我曾经在访学期间拜访过行天丰雄。中国经济学家余永定对于日本经济界非常熟悉，有段时间，余永定在社交媒体被称为中国经济学元老。余老师看了，对我自谦说，自己没那么老；同时他却评价，行天丰雄是真正的元老级人物，很有经验，很有思想。

行天丰雄即认为，广场协议与日本失去的20年没有关系。

首先，广场协议之所以被国际评论界称为成功，并非偶然，部分反映了当时全球经济运行的主要矛盾，即美元在过去一段时间内的高估。广场协议的大背景是布雷顿森林体系的瓦解，日本、德国等顺差国兴起，美国则饱受贸易逆差影响，里根上台执政之后，美元汇率持续升值更是令这一问题雪上加霜。广场协议会议公报里表示，汇率应在调节外部失衡方面发挥作用，"主要的非美元货币对美元进一步有序升值是受欢迎的。他们准备好随时更紧密地合作以支持对美元升值，当这样做有帮助时"。

其次，广场协议是否完全来自美国政治压力？这是中国人最为关心的问题之一，但是事实在于，除了美国，日本方面也有需要。可以说，这是双方意愿的结果。当时的美联储主席沃尔克就曾提到，他最意外的就是，"同意日元升值10%"这一口径，其实来自当时日本大藏相竹下登的主动提议。竹下登后来也担任过日本首相。这一要求，比起美国方面的期望"要慷慨、干脆得多"，这也构成了会议成功的标志。欧洲国家更关心其货币对日元的汇率，"他们关心的是，日元升值幅度越大，他们对自己的竞争地位就越放心"。

日本为什么如此慷慨主动？行天丰雄解释道，"日本对美国日益增长的保护主义压力感到紧张，准备接受一个日元的大幅升值，希望那些压力能因此转移"。某种意义上，日本的举措，也可以理解为在借助外力推动改革。也就是，经济结构面对调整压力，但内部却无法诞生足够改革意愿的时候，期待通过外力来助推。

这种思路，对中国来说，并不陌生。但从日本的经验看，这种做法其实也有惯性甚至有危险。行天丰雄认为，一方面，对于在美国压力下的有益政策，日本没有抱怨，但是另一方面，他强调这种决策模式从根本上破坏了日美长期经济关系。为什么呢？从日本方面而言，政策制定者、政客和官僚养成了滥用外部压力的恶习，习惯于借助海外压力实施棘手却不可避免的改革。但是，这毕竟是外来的动力，对日本而言，没有付出艰苦努力，也没法在全体国民中间形成积极心态，去接纳经济改革。而对于美国方面的政策制定者来说，他们开始相信，对付日本的最佳途径就是施压，也忽略了美国在改善自身的财政超支方面的责任。

当然，我们最关心也最关键的问题在于，广场协议之后，日本是否因此受到影响而步入衰退？这是一个流传很久的看法，我在东京大学访学期间，也和很多人聊过。行天丰雄解释说，日本后面的经济问题完全是自己的问题，并不是美国的问题。问题的根源在于，日本央行在 80 年代先放松货币政策，让资产泡沫失去控制；到 1989 年，又突然收紧货币政策，直接导致了日本泡沫经济崩溃。行天丰雄认为日本央行的错误在于，等了太久才收紧，结果收紧时又用力过猛。他无奈地总结："你犯了一个错误，你注定会犯下第二个错误，如果你犯下第二个错误，你注定犯下第三个错误。"

回头来看，理解广场协议的局限或者说失败，超越一时一地的得失更为重要。货币重要，汇率重要，但是仅靠汇率政策并不足以解决根本问题。行天丰雄也强调，国际收支不平衡、发达国家经济增长率慢性下滑等结构性问题，比起汇率更应该得到重视。

站在今天，如何看待广场协议与 20 世纪 80 年代的日本经济？尤其，对我们有什么启发？日本在 1978 年时，超过了苏联成为第二大经济体。可以说，日本 70 年代与 80 年代的顺差与成长，其实也是借助国际市场，完成自身过剩产能与资本的释放。这种情况下，广场协议之后的日元升值，其实是为这一趋势添油加醋。当时日本如日中天，强势日元在某种意义上，帮助了日本企业走出去，也助推了东南亚国家和地区的国际化。

不过，最大问题在于，日本国内经济的旧问题始终存在。在 20 世纪 80 年代，日本企业积极国际化的同时，没有积极调整结构，很多该破产的企业没有及时破产清理。随后，叠加上日本央行货币政策失误，日本国内经济结构性问题大爆发，在经历 80 年代泡沫之后，日本仍旧徘徊于"失去的二十来年"甚至进入"失去的三十年"之中。所以，本质上而言，日本经济从泡沫经济开始下跌，内部结构问题还是日本最大症结，这些年日本的复苏趋势本身是一个日本内部完成自身清理的趋势。同为亚洲国家，同为后发经济体，日本经济的起承转合，恐怕对于中国而言，是最宝贵的一课。

国际货币改革：人民币能做什么

前面谈到很多国际货币话题，从欧元危机、美元周期到日元风波，这些大事件并不仅仅是别人的热闹，其实都给我们很多有益的教训。身为中国人，自然最关心人民币了。那么在一个变化时代，在国际货币体系的变革中，人民币能发挥什么作用？

所谓国际货币体系改革这个话题，曾经在中国很热门，各类层次较高的会议都曾有涉及，绝对是一个高端社交话题，谈这个话题让人觉得很有深度。按照学界定义，国际货币秩序，就是国际经济金融交易过程中的制度安排。也可以说，是国际经济关系中最根本、最基础的制度安排，包含通货制度、储备结算制度与汇率制度三个方面。

大家都知道，现在国际货币体系最大的问题，就是美元独大。本书前面不少部分说过，美元是唯一的全球性国际货币，甚至欧元都只是区域性的国际货币。所以，美元的逻辑和欧元不同，与别的货币也不同。

作为当今地位第一的国际货币，美元的影响因素很多，作用规律也与别的货币不同。最突出的是，一般国家货币汇率往往与该国的经济繁荣正相关，即一个国家的经济繁荣，其货币倾向于升值，但可能出乎大家的意料，美元和美国经济繁荣之间并非正相关关系，反而呈现负相关关系。这是由于，当美国经济低迷时，世界经济情况往往也不会太妙，这个时候美元作为安全的避险资产，往往会吸引更多资金；而如果美国经济复苏，这本身往往与全球环境可能正在改善同步，别国货币可能因此升值。这样，美国经济低迷，美元可能走高，而美国经济复苏，美元也可能走低。

换言之，美元的强弱很多时候不仅取决于美国经济的绝对状况，也取决于美国经济与世界经济之间的相对强弱。这样一来，也可以解释量化宽松出台之后美元汇率的变化：当量化宽松大规模出台之际，人们曾经预计大规模"印钞"会导致美元大规模贬值，但实际情况却没有出现美元大规模贬值，反而由于全球经济陷入困境而美元升值。

你看，这就是个矛盾。当美元弱势的时候，世界觉得美联储在免费印钞票，努力摊薄美国债权海外投资人的收益；而当美元强势的时候，世界又觉得美联储货币政策的收紧没有考虑外溢效应，让衰退中的全球经济雪上加霜。无疑，在国际货币体系还是美元一家独大的情况之下，多数国家和货币都不得不与美元跌宕共舞。

可见，美元汇率的逻辑不仅在于美国，更在于世界。美元走强大致对应着全球资本对风险感到担心，对于世界经济往往是风险预警因素。国际清算银行前些年对于美元持续反弹发出警告，强调这可能暴露新兴市场的金融脆弱性。该银行一向有"央行的央行"之称，这一警告非同儿戏，但是问题在于，真正的全球央行是美联储，但美联储却只认为自己是美国的央行，美联储的策略自然以美国为考量而不是全球。

这对中国有什么影响？在过去，为了抵消美元走高带来的外汇占款降低影响，中国央行还不得不推出货币宽松政策。人民币汇率对于中国来说也是一个多方权衡的结果。如果人民币汇率走低，不仅意味着大宗商品的进口面临价格压力，而且将会对以人民币计价的资产构成威胁，最大风险在于房地产；但是如果人民币过分强势，又会影响出口等行业。

要打破美元僵局，有什么办法？大致来说，历史上各种聪明人考虑过三种思路。首先，就是有种新货币取代美元，成为新的国际货币；其次，出现一种新的区域性国际货币，比如欧洲有欧元，亚洲可以有亚元，来分散美元压力。欧元已经诞生，亚元的说法其实此前陆陆续续有人谈及，但是从现实情况来看，跨越区域构建国际货币，要跨越的障碍不仅是文化、语言、地理方面的，还有制度以及政治方面的，并不容易。

最后还有一个方法，就是超越国家货币，也就是超主权货币。这个也有现成的工具，只要复兴布雷顿森林体系的一部分，就可以了。那就是特别提款权（special drawing right，SDR），由国际货币基金会于1968年创设。

可以说，前两种方法，试过很多次，欧元和日元国际化的探索故事，也告诉我们此路艰难。

有句话说，"欲带皇冠必承其重"，要成为国际货币，并不容易。按照前面课程的分析，人民币要成为国际货币，需要两个前提。第一，中国保持贸易逆差；第二，中国投资回报率足够高，高到吸引全球资本投资中国，都以换成人民币为目标。可以说，这两个条件都不太容易达到，也因此，虽然各方努力推动，人民币国际化的进程并不算顺利，到 2018 年 2 月，人民币在国际结算货币中排名仅为第 7 名，甚至低于加拿大元，虽然中国 GDP 是加拿大 GDP 规模的 7 倍。当然，这些年有不少发展，按照环球银行金融通信协会（SWIFT）的数据，人民币在全球支付中的比重在 2022 年到达过历史高点 3.2%，一度排行第四，但多数情况下人民币支付比例基本在 2%—2.5% 之间上下波动。距离第一名美元占据半壁江山、接近一半的比例，还有很漫长的路要走。

那么第三条道路呢？近年来这条道路主要提倡者之一是中国人民银行原行长周小川。他被称作"人民币先生"，国际社会对他评价不错。听他演讲，也是满满的学者气质。

在美国遭遇金融危机的情况下，人民币国际化以及国际秩序改革，其实出现了重叠。这个时候，周小川大力推动人民币国际化，其功绩之一就是推动了人民币加入 SDR。

在 2009 年，金融危机水深火热的时候，当时的中国人民银行行长周小川抓住时机写了篇文章《关于改革国际货币体系的思考》。在这篇文章中，他认为："此次金融危机的爆发与蔓延使我们再次面对一个古老而悬而未决的问题，那就是什么样的国际储备货币才能保持全球金融稳定、促进世界经济发展。历史上的银本位、金本位、金汇兑本位、布雷顿森林体系都是解决该问题的不同制度安排，这也是国际货币基金组织（IMF）成立的宗旨之一。但此次金融危机表明，这一问题不仅远未解决，由于现行国际货币体系的内在缺陷反而愈演愈烈。"

结论是什么？他提议充分发挥 SDR 的作用。他认为，由于分配机制和使用范围上的限制，SDR 的作用至今没有能够得到充分发挥，但 SDR 的存在为国际货币体系改革提供了一线希望。可以说，这是 2016 年，人民币被正式纳入 SDR 的一个源头。

前面说了，SDR 并不是一种货币，正式名称叫"特别提款权"，其雏形和我们介绍过的凯恩斯有关。SDR 的设计目的，主要是应对美元挂钩黄金的布雷顿森林体系下的流动性不足问题。所以，SDR 由国际货币基金组织发行，按照一定规则分配给各国，可以用来结算各国之间的资产债务关系。虽然被各国当作外汇储备一部分，但 SDR 最重要的功能是核算功能，也就是账面资产，所以也被叫作"纸黄金"。

20 世纪 70 年代，SDR 有五种主要货币，即美元、日元、英镑、法国法郎、德国马克支撑，后来演变成四种，即美元、日元、欧元和英镑。加入门槛主要是各国的经济体量。随着中国经济体量的加大，中国谋求加入 SDR，周小川就为此呼吁多年，最终中国在 2016 年加入 SDR。周小川曾经说，本来人民币还没有完全做好国际化货币的准备，全球金融危机导致周边国家和地区出现流动性紧缩，纷纷要求使用人民币进行贸易和投资结算，人民币加入 SDR 就是从这里起步并加快推进的，及时抓住了机遇。

中国加入 SDR 的意义是什么？最大的一点在于，国际货币基金组织认可人民币是可自由兑换货币。这对于孜孜以求人民币国际化的中国而言，可算获得一张奖牌：从此之后，人民币有了更多的理由被当作重要国际储备货币。人民币加入 SDR 带来了什么变化？一方面可以帮助提升人民币在各国外汇储备中的比例。另一方面，从投资者心理层面来看，这个举措自然能帮助世界对于人民币资产的需求，尤其有利于海外人民币债券的发行。

不过，SDR 最大的问题在于，它是由一个跨国组织发行的，无法如同一个主权货币一样在该主权国家强制流通。所以，SDR 面世已经超过 60 年，虽然经过世界货币基金组织以及中国、法国等组织与国家的大力推广，迄今还没有在成为真正的货币上取得进展。结果是，民间不使用 SDR 交易，金融市场不发行 SDR 债券。这样看来，SDR 仍旧不足以担当国际货币的大任，美元作为国际货币还将持续一段时间。

确实，国际货币系统改革，是对于中国和世界都很重要的事。如果中国要真正融入世界和美元主导的国际货币秩序，必然有与美元的碰撞，但更多应该去推动融合。

话说回来，人民币的锚其实就是大家对于中国经济的信心。从这个意义上而言，人民币国际化其实应该是顺水推舟的事情，短期如果条件不成熟，不必勉强。回到人民币的初心，其实是让人民有信心。

总结前面的论述，可以看出，货币变革的背后，看起来是权力之手的翻云覆雨，其实更多还是来自市场选择。这就像在中世纪，国王可以选择把自己的头像印在金币银币上，却没有能力要求大家去用它。我们必须记住，尊重经济就是尊重货币，尊重货币就是尊重市场。

—————— 第5章

货币的未来：从现金到数字货币

我一直在研究一种全新的完全点对点而且抛弃可信第三方的电子现金系统。

——比特币之父中本聪（Satoshi Nakamoto），

2008 年 11 月 1 日，16:16:33[①]

如果银行不改变，我们就改变银行。

——阿里巴巴创始人马云，2008

利用比特币带来的革命，但仅有比特币还不够好。

——微软创始人比尔·盖茨（Bill Gates），2015

"唔，在我们的国家，"爱丽丝说，还有点儿喘，"一般你总会到个什么地方的——如果像咱们刚才那样，跑那么快又那么长时间的话。"

"一个慢速度的国家！"王后说，"好啦，在这儿，你看，你拼了命跑，还是在同一个地方。如果你想到另外一个地方去，你

---

① 参见菲尔·尚帕涅：《区块链启示录：中本聪文集》，机械工业出版社 2018 年版。

至少还得再快一倍！"

——英国作家刘易斯·卡罗尔（Lewis Carroll，1832—1898）[1]

维系法定货币体系的力量看起来很脆弱，尤其是这几十年来的劳动力成本都很低。在接下来的十年里，这些力量中的一部分可能会开始崩溃，对替代货币的需求可能会激增。

——德国德意志银行《想象2030》报告

数字现金的历史向我们生动地展示了如何用货币和技术讲述关于未来的故事。

——美国学者芬恩·布伦顿（Finn Brunton）[2]

---

① 参见刘易斯·卡罗尔：《爱丽丝镜中奇遇记》，上海译文出版社2012年版。
② 参见芬恩·布伦顿：《数字现金》，中译出版社2023年版。

无现金世界：现金不再为王

　　本章将探索一些更新更前沿的话题，那就是数字货币，包括从监管到区块链机会等话题。之所以讨论数字货币，不是为了赶时髦，是因为这个问题太重要了，重要到我们没有办法回避。

　　数字货币，深刻影响货币的未来，但是这一未来意味着什么？也许未来最终会来临，但是其方式却出乎多数人意料。在货币变革的数字路口，何去何从的问题值得好好思考。

　　数字货币的对立面，首先是现金。在今天，对不少人来说，现金支付场景也许越来越少。现金即将终结的说法越来越普遍。我们过去出门都说带手机、钱包、钥匙，现在钱包甚至钥匙不少人已经不带了，手机却必不可少。可以说，以支付宝和微信为代表的移动支付改变了我们生活，移动互联网时代也造就了腾讯、阿里巴巴、百度，也就是我们常说的 BAT 这样的超级平台公司，移动支付于其中功不可没。

　　无现金支付其实也就是这几年才流行，中国走在世界前列。2017 年发生了一个小故事，当时移动支付正在起步中。3 月某一天的凌晨 4 点，两个小偷到杭州，打劫了三家便利店。收获多少？1 600 多元，据说，还不够为打劫购买的电动车的成本。小偷很意外，为什么杭州人没现金？因为杭州是支付宝大本营。马云把这件事当作一则新闻，在联合国分享过。

如今，中国不少城市，已经靠拢杭州，甚至印度等国也开始运作，废除大额纸钞，力图推进其无现金历程。根据全球支付报告，2022 年电子钱包将占全球电子商务交易的 47%。

不用现金，好像是很进步、很时髦的风潮。前些年，哈佛一位名教授叫肯尼斯·罗格夫，他写了一本书谈货币的未来，他预测未来就是无现金的社会。

他认为，"现金"表面上看起来平淡无奇，大部分学院派经济学家和政策性经济学家甚至中央银行家，对现金也毫不关心。然而，在财政和货币领域最难解决的问题当中，纸币或者现金问题，当属首位。

黑帮电影经常出现拿出一箱箱美元现钞的桥段，古代绿林大盗，最爱的也是黄金白银。现金或者实物货币，优势正在于其不可追溯。对政府而言，与此相伴的正是纸币或者现金的一些阴暗面，比如逃税、规避监管、犯罪以及安全隐患。

那么，在无现金的世界，情形将会如何？初看起来，无现金世界一切将会很美好。首先是方便，大家都已经习惯。其次，之前隐藏在交易背后的数据，可以汇集成新的数据资源。更不用说，无现金交易能够降低成本，缓解腐败问题，提高税收收入，甚至抑制像毒品交易这样依赖于现金的"黑色经济"。

罗格夫就建议摆脱现金，甚至逐步实现消除纸币的目标。罗格夫是大家，他当时写的东西在欧美世界还有点奇幻，在这两年的中国却几乎已经实现了。

问题在于，所谓纸币的阴暗面，另一方面也是现金的优势。并不是只有地下经济或者灰色经济才需要现金。事实上，现金的减少，在过去证明也无法避免犯罪，毕竟还有那么多电话及信用卡诈骗。更不用说，无现金的世界，其实意味着监控无处不在。可以说，现金的匿名性，看起来落后，恰恰也提供了庇护与帮助。所以说，无现金支付，最大挑战在于隐私，你愿意为了便利，付出多少自由？

这个问题并不好回答。全球范围来看，并不是所有的发达国家都偏好非现金。按照日本经济产业省 2018 年的数据，日本的无现金交易占家庭总消费的比例为 18%。对比之下，韩国接近 90%，英国超过 55%，美国超过 45%。很有意思的是，在主要经济体中，德国人更喜欢现金，他们的现金支付比例比日本还高，超过八成。德国人对于现金的真爱，有人说是对于过去通胀的恐惧，也有人说是对于自由的真爱。无论如何，现金某种意义上和纸质书一样，都有复杂的情感含义，而人，是感性动物。可以说，以后央行数字货币之类，很可能就是未来的现金，但是也有人意识到取消现金也意味着人们失去了选择权，在英国等地也已经出现了反对央行数字货币的呼吁。

最终是否要取消现金，还是应该由民众决定。无现金的世界，是从 20 世纪 50 年代的信用卡业务开始的。但是真正得到推广，其实和这些年的移动支付有关。中国在这个领域的实验走在前列，加上过去的信用卡业务，不如欧美成熟发达，两个因素叠加，反而成为优势。可以说，中国在这一领域同时具备后发优势和先发优势，也实现了弯道超车。目前来看，现金的逐步减少趋势无可避免。但是，也许以后，现金会被怀念。

更具体地说，在我们有生之年，现金会消失么？经历过新冠肺炎疫情之后，答案反而没有那么肯定。和曾经的黄金一样，现金作为实物，有实物的优势。2020 年新冠肺炎疫情大暴发，因为隔离和线上支付加速，我们看到不少国家的电子货币在提速，但是和不少人预期的不同，现金未必就会消失。根据 FT 中文网的报道，美联储邀请大约 3 000 名美国人写"支付日记"，也就是记录他们购买商品和服务的付款方式，从中我们可以判断货币使用情况。在过去几年，美国人现金使用确实在稳步下降，从 2016 年的 31% 降至 2018 年的 26%，但是在疫情之中，数据表现得很矛盾，有人的现金使用量低于疫情之前，但也有不少人的现金使用量增加，甚至有囤积现金的趋势。普林斯顿大学的社会学家弗雷德里克·惠里（Frederick Wherry）认为，这类似"囤积安慰食品，让大家有一种稳定感"。①

---

① 参见 "The Comfort of Cash in a Time of Coronavirus"，https：//www.ft.com/content/b0182ea4-afc2-4d5d-a8cf-fc7407fa8a18。

现金物理上的存在显然还会存在一段时间，但是货币数字化是大势所趋。值得注意的是，在现金消失的故事中，传统的金融巨头不再是主要推手，中央银行家和货币巨头往往是被动应付，反而是科技公司占得先机。这件事的意义，和现金消失一样重要，影响却更深远。科技巨头的兴起，其实是 21 世纪以来的最新趋势，这些巨头掌控了网上购物、社交媒体，如今它们跃跃欲试，将目光投向了货币。技术的强势介入，如何改变货币，我们后面会继续讨论。

比特币：黄金白银有何不同

比特币到底是什么？

按照普遍接受的定义，比特币（Bitcoin），是一种虚拟的加密数字货币，加密的意思就是其交易和生产受到密码学保护。理论上，比特币数量恒定，所以不存在增发的可能性，大家各自凭借电脑去挖掘，看起来相当公平。同时，比特币支付是一种点对点的模式，被认为是去中心化的。举个例子，以前大家付款，需要银行等中心节点来结算，而比特币就跳过了这一环节，可以直接从个人到个人。

比特币的概念最早在 2008 年 11 月 1 日提出，发明人一直很神秘，大家只知道他叫中本聪，听起来像日本人，他自称日裔美国人，日本媒体常译为中本哲史。其实，他是男是女甚至是否为人类都不清楚，或者正如那个段子所言，在互联网上，没人知道你其实是一条狗。

正是在 2008 年看似平淡无奇的一天，这个化名为中本聪的人或者 ID，给一群密码学家发了一篇论文《比特币：一种点对点式的电子现金系统》（Bitcoin：A Peer-to-PeerElectronic Cash System）。

其中，提到了"点对点电子现金系统"，就这样，日后名动天下的比特币白皮书诞生了。

到现在，大家对于中本聪本人到底是否真的存在，都不能确定，他和外界的交流形式是邮件，而且持续时间也就两年多，但不妨碍他已经成为许多人心中的偶像。到了 21 世纪 20 年代，比特币已经诞生十多年。比特币的价格，从最开始几乎不值什么钱，经历起起落落，2021 年最高价达到 68 928.9 美元。这十多年仿佛一个轮回，比特币从网络暗流变为主流话题，这几年更是成为投资风口。

大起大落之间，诞生了很多故事，代码世界的镰刀割韭菜比起金融世界更是利落。可以说，币圈的纸醉金迷，让原本属于虚拟经济的金融业，相比之下也显得规矩本分得多。

比特币到底有多热？一度热过房价。我以前曾经打趣，在中国开经济的会，南北有别，北京会议往往以中国向何处去结束，在上海则往往以房价讨论结束。比特币热的时候，南北会议时常都是以比特币结束。

大家最关心的一点，无疑在于比特币能否取代主流货币？这个问题恐怕没有简单答案，我们不如先退一步，看看比特币与黄金有什么差别？在 2018 年经济人读书会的一次年会上，有人就这样提问。曾经新财富评选第一名的分析师郭磊作为嘉宾参加了这次会议。他说，比特币热潮和其他互联网圈流行一样转瞬即逝，可能每五年或十年就会换一轮，就像曾经的人人网、校内网。为什么？它不是基于永恒的人性。如此而言，比特币和黄金没有什么相似性，难以寻找一个特别中心化的价值尺度。

这一派的结论，应该有不少人同意。不过从有限的观察与历史的对比来看，我倒是觉得比特币其实和黄金有类似的地方。二者初看之下，确实天差地别，黄金看起来很古老，而比特币作为一种新技术的应用，比起法币甚至现金都是一种升级，二者有什么相似之处呢？首先，比特币之所以在所有代币中独树一帜，无疑在于算法保证其有限性，这和黄金的天然有限性类似。其次，比特币号称的去中心化以及匿名性等优点，在几千年黄金使用过程中始终存在。比如，你见过什么人能够拥有全天下的黄金么？黄金的匿名性更是不言而喻。

最后也最重要的是，维持二者价值的，其实都是人们的信念，而不是它们本身的价值。先说黄金，从美元脱离挂钩黄金以来，黄金其实已经不是一种货币。黄金走向商品化已有几十年。而且，即使在黄金挂钩各国货币的时候，它也只是名义上挂钩。更不用说，黄金数量有限使得现代经济在面对经济危机时刻往往应对乏力。我们前面聊过，在大萧条期间，主要经济体基本是谁先脱离金本位制，谁就先获得经济复苏。

经济学大师凯恩斯称金本位制已经是野蛮遗风的残余，投资大师巴菲特感叹不知道为什么有人要储存黄金，不能吃，不能用，还不升值。即使如此，黄金始终是一部分人的至爱，黄金去货币化也有几十年历史了，但是在不少人心中，黄金仍旧是一种不折不扣的货币。一有风吹草动，黄金价格还是有所反应，也有不少信徒为回到金本位制而奔走呼吁，即使最应该反对黄金的各国央行，其实这些年买入的黄金也不在少数。这说明黄金作为一种观念上的货币遗迹即使不存在于现实中，也仍旧存在于人们的心中。

回到比特币，很多人全力下注比特币，恰恰是因为它可以取代现行主流货币。这个信念的前提在于，比特币数量有限以及去中心化。于此而论，比特币确实与黄金有一定的可比性。

另一方面，从黄金的案例可以看出，比特币数量的有限性、危机时刻缺乏信用派生性，恰恰可能是比特币无法成为主流货币的一大障碍。比特币看起来很酷炫，其实其本质，可谓黄金狂热的一个高科技变体而已。难怪诺贝尔经济学家保罗·克鲁格曼，斥责它是一个包裹在自由主义意识形态之茧中的科技神秘主义泡沫。

但是，比特币并不是一个虚拟概念，而是一个真实的投资品种。比特币诞生之初，据称1美元可以买1300枚比特币，2017年比特币价格超过一盎司黄金，其价格上涨数百万倍。一些粉丝开始宣称比特币将会颠覆现金、黄金，甚至主流货币。对于他们而言，比特币的兴起，基于部分民众对各大央行印钞的不满，即使比特币无法取代现行法币，但是在造富效应以及信念支撑下，比特币仍旧会有自身的拥护者，这种信念的部落效应随着互联网的链接，将会越来越深。也正因此，比特币不会缺少狂热粉丝，其历轮暴跌并不足以让这些人死心。

▲ 大清银行总行旧址

　　大清银行，原称大清户部银行，是中国第一家中央银行。

▲ 中国银行

　　1912 年在大清银行基础上筹建，同年 2 月在上海市汉口路 3 号大清银行旧址开业，其章程被认为仿效日本银行制度。

图片来源：Photo © Wikimedia By ScareCriterion12。

▼ 中华民国银元

正面为孙中山像，背面为帆船图，所以名为"船洋"。1933 年，国民政府财政部颁布了《废两改元令》和《银本位铸造条例》，推行以银币代替银两交易。同年，船洋开始在上海中央造币厂铸造。

图片来源：Photo © Wikimedia By Sam895522。

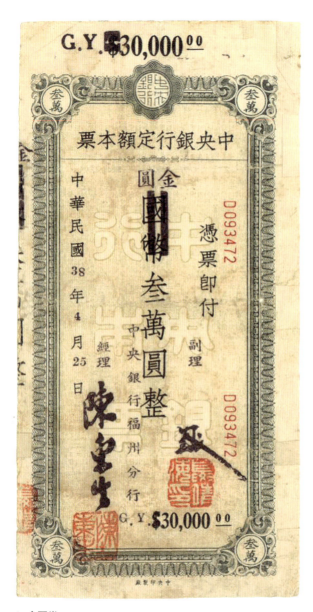

▲ 金圆券

　　1949 年 4 月 25 日的三万金圆券本票，中央银行福州分行发行，上有涂改痕迹。

图片来源：Photo © Wikimedia。

▼ 绿背美元

　　因为美国内战财力紧张，出于融资需求，1862 年美国国会通过了《法定货币法案》，林肯政府发行了"绿背美元"（Greenback），且不能兑换成黄金或白银的纸巾。

图片来源：Photo © Wikimedia By the National Numismatic Collection, National Museum of American History。

▲ 欧洲央行总部

　　欧元区货币政策的制定，来自位于德国法兰克福的欧洲中央银行。建筑正前方的标志即为欧元符号的模型，并装饰如欧盟旗帜一样的十二颗星星标志。

图片来源：Eric Chan 摄，https://www.flickr.com/photos/maveric2003/1865609171/。

克劳德·艾尔伍德·香农（Claude Elwood Shannon，1916年4月30日至2001年2月24日），美国数学家、电子工程师和密码学家，被誉为信息论的创始人，这些技术后来发展成为加密货币的技术来源。

图片来源：Jacobs, Konrad - https://opc.mfo.de/detail?photo_id=3807。

▲ 捷克共和国布尔诺的比特币自动柜员机

进而言之，在一个焦虑被放大的时代，大众情绪被投射到一个日益极化的世界，大众对于未来的判断往往基于个体经验与小群体互动，不同人群最终将南辕北辙。结果是什么？会出现很多彼此无法说服的对立极化情况。对比特币的看法也是如此。比特币几年上涨万倍的泡沫中，有发财的，有失落的，也有围观的。随着比特币价格如同中国房价一样不断翻新，不少原本看衰比特币的主流金融人士，此刻反而跃跃欲试，无论是投资银行家还是海归金融教授，也准备赤膊上阵，分一杯羹。有人曾经担心，比特币价值基于人群的信仰，如果人群失去了信仰，比特币就将一文不值；但是，比特币的价值不需要建立在所有人对它有信仰的基础上，只要有一群人，甚至是一小群人对它有信仰，就足够了。

那么，比特币真正的弱点在什么地方？

在比特币十年投资史中，2018 年的下跌，值得研究，或许可以帮助我们思考。

2018 年比特币价格下跌，除了对加密货币的监管风声外，从技术层面讲，这与比特币圈内部分裂有关，那就是所谓的"硬分叉"（hard fork）。在加密货币的行话中，所谓"硬分叉"，就是比特币区块的交易方式发生改变时，如果业界没有形成"共识"，那么硬分叉就会出现——通俗地说，就会从一条链诞生出两个不同方向的链，这意味着原来觉得数量恒定的比特币会出现自我分裂、自我克隆。

与比特币密切相关的"比特币现金"（BCH），其中两个阵营陷入硬分叉引发的算力竞赛，相应地分配给比特币的算力减少，引发了比特币价格下滑，进而导致一些矿机退出，形成价格下跌与算力衰减的恶性循环，最终导致市场信心崩溃。当时，比特币价格雪崩。不那么恰当地说，在现实世界中不可能存在的平行宇宙，在比特币的世界，却可以同时存在；除了比特币之外，不同替代品可以无上限地涌现。

这件事，其实暴露了比特币或者主流数字货币的弱点。作为最早也是最成功的虚拟货币，其出发点在于去中心化，以算法保证的有限性作为保证，但是如今来看，这一可靠性大打折扣。技术分歧或者利益纷争引发的硬分叉，无疑降低了虚拟货币的信用，伤害其长期价值。事实上，正是各类数字货币的出现，逐渐让圈内人士意识到，也许比特币并不具备真正的稀缺性，那种能够比肩黄金在物理世界的稀缺性——才是新兴数字货币真正的噩梦。

这次暴跌，使得比特币努力成为数字黄金的可能性大为降低。曾经，不少人希望比特币解决主流货币的弊端，如今看来，比特币眼下不仅无力取代传统货币，其自身也成为新的问题。这一次比特币的暴跌，除了会进入金融投机史，也会进入货币史。在更为广阔的层次上，比特币圈内的纷争，也让人不断思考货币与货币改革的底层逻辑。

自以为代表数字货币理想的理想主义者会告诉你，货币属于人民，这个世界的货币却被众多受人鄙视的国家政府控制，这是不对的。因此，数字货币的去中心主义、匿名、跨国、低成本，成为他们心中可以替代目前横行世界的主权货币的理想替代者。奥地利学派经济学家哈耶克所写的《货币的非国家化》，多年前少人问津，今天成为他们的圣经。

理想丰满、现实骨感，即使是理想主义者，也不得不承认，以比特币为首的数字货币要全面替代今日法币的地位，前景尚远。但比特币本身作为一种数字货币已经证明了自己的价值，正如《黑天鹅》一书的作者纳西姆·尼古拉斯·塔勒布（Nassim Nicholas Taleb）所言，"抛开其他不谈，比特币的存在本身就是一份保险，它提醒各国政府，当局能控制的最后一个目标——货币，已经不再是它们的垄断之物"。无疑，比特币之争将是信念之争，未来将是信者恒信，疑者愈疑的过程，不经历长时间的几轮泡沫清洗，双方不会彻底放手。说到底，比特币的故事，还没有最后落幕，其中可以看到黄金、白银的影子。这就是人类和货币的奇妙之处，更是永恒的纠缠。

数字货币：未来价值如何决定

数字货币很有前途，也有不少亟待解决的问题。那么数字货币的价值，或者其未来发展，取决于什么？是技术、资金瓶颈，还是其他？

中国官方在 2019 年表态，区块链技术的集成应用在新的技术革新和产业变革中起着重要作用。新闻一出，币圈、链圈沸腾，其在中国一度"人人喊打"的局面也快结束了。比特币六小时暴涨近 1 000 美元，迅雷盘中一度暴涨近 70%。

很有意思的是，在两年之前的 2017 年，中国的数字货币圈子也经历了一次运动，不过方向相反。2017 年 9 月 4 日，中国央行等七部门发布公告，叫停各类 ICO。各类 ICO 平台陆续传出暂停服务消息，各类 ICO 货币大跌，当时比特币一度大跌接近两成。所谓 ICO（initial coin offering），即"数字代币首次公开发行"。按照目前流行的解释，也称为区块链众筹，用区块链技术把使用权和加密货币合二为一，来开发、维护、交换相关产品或者服务；换言之，项目发起方以区块链技术发行初始代币，购买方以数字货币（比如比特币）购买。

虽然一般人习惯将ICO对标股市中的IPO（initial public offering，首次公开发行），但一直以来监管力度不可同日而语，ICO基本以行业自律为主。IPO对应上市公司业绩增长的想象，而ICO对应的只是未来价格上涨的承诺，甚至无需白皮书就可募集巨量资金，跟随名人买入吸引更多人接盘成为圈子内流行做法。

风头最盛之时，ICO风暴所到之处，"一币一别墅"的传说口口相传，人类的赌性加上高科技的包装，使得一切想象都充满了可能性。

在造富神话不断被演绎的中国，没有一种资产话题，比数字货币更能激发国人的热爱与恐惧。热爱是财富效应下的贪恋，恐惧则是被时代抛下的担忧，两种情感轮流驱使人群。于是，无论资历如何背景如何，众人都在币圈相逢，区块链成为城市中产的热门话题，各种林林总总的发币白皮书则在朋友圈流传，甚至一些可以金盆洗手的江湖大佬，也乐于参与各种真真假假的炒作。

我一直关注金融，也接触不少数字货币圈子的人。我的整体感觉是，这两个圈子的人基本不同，思维设定也不同。前者是金融思路，看重风险，讲究从上而下；后者是互联网思路，看重技术，追求去中心或者从下而上。

这两种思路，放在货币这件事上，很难马上说谁对谁错。但是两个圈子的碰撞，其实非常有趣。2017年中国发布的这一则官方公告，对该市场发出了强烈收紧的信号，称应准确认识代币发行融资活动的本质属性，将筹集比特币、以太币等所谓"虚拟货币"的本质定为非法集资，ICO被定位为"非法金融活动"，禁止新项目，存量项目要限时清退。

从财富自由神话到非法集资定性，ICO在中国的红白变脸，几乎只是瞬间。是不是似曾相识？目前看来，虽然权力的天平开始从传统金融圈子转向互联网圈子，但是金融圈子仍旧决定后者的存活。

数字货币天然具有国际性，对ICO的整肃对于买家是一大打击，肯定区块链，显然又能带来新一波想象。这两件事放在一起，告诉我们什么？ICO、比特币甚至更大意义上的数字货币，其风险不仅在于过度乐观、庞氏骗局等商业风险，更在于监管风险。全球监管力度正在加大，美国证交会表示ICO可被视为证券并受联邦监管，英国金融行为监管局也公告ICO"风险很高"，未来全球性的联手监管可能正在加强。

值得注意的是，在ICO的狂潮中，很大程度上是基于比特币的狂潮带来的想象。过去互联网金融尚有不少传统金融行业人站台，这一轮ICO的投资狂欢却大多来自互联网圈，二者风险意识不可比拟。

无论监管者如何定义，数字货币无疑具有相当强的货币特征，而区块链技术更是不可小觑。目前看来，也许数字货币无疑已经在一小撮人中赢得货币身份。但正如经济学家明斯基说过的一句话，"每个人都可以发行货币，但问题在于其是否能被人接受"。

数字货币的未来价值，并不取决于比特币狂热者之类信徒的声音，而是取决于比特币在多大程度上被外围的人接受，以及更加重要的是，被监管者容忍。很显然，在数字货币方面，中国已经成为领头羊。央行对支付宝、微信支付的严格监管，在国内可能对用户带来某些不便，但是在海外却得到不少赞赏。

为什么呢？看一看目前数字货币的接受处境，就清楚了。主流金融系统的人，往往对于数字货币不很感冒，尤其监管者，看待货币，往往也是从上而下的视角。这种俯视的姿态，很自然地，忽略了市场与货币自身具备的力量。

数字货币实践者，往往又对金融完全不了解。他们不少人是技术背景出身，对金融原本毫无了解，对数字货币有所了解之后，转而研究货币央行甚至金融系统。他们看问题往往是从下而上，凭借直觉，觉得现存金融体系充满不合理性。因此，一些人提出的解决方案，往往不是改良性的，而是颠覆性的，总觉得数字货币一定而且很快能够取代主流货币。这些理念背后，不仅缺乏对于金融的理解，而且表面借助人民掌握自身财富等积极自由的概念，有时候却免不了出现一些一夜暴富的案例——这类话术，从数字货币到P2P甚至各类金融骗局，其实没有多少区别。

数字货币颠覆的不仅是现金，更可能是当下的金融制度。实际上，自从诞生以来，数字货币对现代金融制度的挑战年复一年不断增强。不过，不无讽刺的是，要最终成功，比特币自诞生以来的优点，却正可能是它不得不设法克服的缺点。

回顾我们前面的介绍，黄金在中世纪曾经完美地行使了商品货币功能，但其数量的有限性到工业时代就显得有点儿力不从心；最终诞生了现代意义上的部分存款准备金，令信用可以依据需求自由创造，从而有了银行和中央银行等系统。

数字货币，最大特点在于去中心化以及匿名性，这正是黄金曾经拥有的优点，以及随后需要被克服的弱点。比特币数量恒定，这构成了其价值不受摊薄威胁的基础，但也限定了它（到目前为止）只能用于支付，难以起到扩张债务债权关系的作用。如今各类 ICO 试验的一个可能角色是这方面的探索，但是这也恰是央行无法容忍的一点。

总结一下，从人类货币历史来看，许多物品曾经在一个小社群中赢得货币身份。但最终能否成长为真正的货币，取决于它是否能得到跨越社群的认可，乃至政府的认可，这是区分货币试验与货币最终的准绳。

无论如何，数字货币时代，最终会到来。那一天财富的创造或者掠夺，比起今天可能更有效率。也许到时候大家会怀念起纸币，就像今天，还有不少人思念黄金和白银。

稳定币：Libra 能否突围

数字货币想要与主流货币竞争，有不少门槛。其中一个要解决的问题，就是如何确保币值的稳定，这是货币作为交易和储存等工具的一个重要功能。即使数字货币中的代表比特币，其价值也是反复横跳。

数字货币圈对此也进行了很多探索，如"稳定币"，即以有价值的资产作为币值支撑的数字货币。在过去，这些货币已经有不少方案与设计，比较值得关注的是 2019 年 6 月 18 日 Facebook（脸书）的数字货币计划，也就是 Libra（天秤币）。如今一晃眼，几年过去了，Libra 作为一个探索谈不上成功，但是其意义值得关注。

2019 年，Libra 刚被宣布之时，迅速成为金融圈最热的词，反应介于深刻的怀疑与热诚的憧憬之间，而美国政府、法国政府也迅即表达了担心与加强监控的态度。后来，Libra 相对比较低调，在 2020 年，Libra 任命美国财政部前反恐主管为 CEO。为什么让反恐主管当数字货币机构的主管？这解释了这个职位面对的核心客户是谁——英国《金融时报》的分析就认为，这个 CEO 工作的关键挑战，就是去说服监管者和政界人士，让他们相信，由 Facebook 创建的这种数字货币，未来不会成为毒贩和洗钱者的天堂。①

一般机构发行数字货币，可能算不上新闻，但 Facebook 发行数字货币，却是足以震惊世界的大新闻。为什么呢？简单的答案是，Facebook 向世人第一次展现了加密货币落地的真实可能性。

2009 年比特币横空出世之后，在现实中，它没有活成货币的模样。相反地，更像是一个新的、充满投机性的（数字）资产。经常上头条的不是比特币的货币职能，倒是其价格的巨大波动，甚至不时爆出平台破产、链币被盗等等新闻。更不用说，极端情况下，密钥的持有人消失甚至死亡导致密钥遗失。

问题出在哪里？货币，就其本质而言，可以简单定义为被广泛接受的支付承诺工具，天然需要在通用性之外，具备稳定性。比特币的价格由供应量，也就是算法，与需求，也就是买卖者的心理决定，因而波动巨大阻碍了比特币成为广被接受的支付手段。

Facebook 的方案构思完整，致力于解决这些问题。Libra 是所谓的稳定币，意思是其价值不是由市场交易与波动决定，而是与一揽子储备货币挂钩。所以，每发行一单位 Libra 都要存入等值的一揽子各国货币的现金或者政府债券，持有者也可以要求以 Libra

---

① 参见 "Facebook's Libra Appoints Bush-era Terrorism Finance Tsar as First Chief"，https：//www.ft.com/content/fb2d3e29-67a4-413a-a597-7717188cd015。

兑现这些法定货币。这一机制将能够将 Libra 币值稳定下来。

要让 Libra 广为接受，必须有广泛的用户与强大的合作网络的支持。这方面，Facebook 得天独厚。全球数字货币虽然给人喧嚣之感，日日宣称颠覆主流，但是持有者估计不过数千万，不少交易在国内更是处在灰色地带。对比之下，Facebook 市值数千亿美元，坐拥 27 亿用户，是当之无愧的拥有最多用户的科技巨头。如此巨大的用户群构成了 Libra 得到广泛应用的基础。

同时，Facebook 不是在单打独斗。按照白皮书的描述，Libra 将由设在瑞士的"天秤座协会"（Libra Association）管理，邀请多家各行业的头部企业参加。有了它们的合作，Libra 在完成各种支付场景职能时无疑会顺利很多。

有了稳定的币值与巨大的用户与合作者网络，Libra 的目标是"建立一套简单的、无国界的货币和为数十亿人服务的金融基础设施"。Facebook 一直强调，这是献给世界的一份厚礼，甚至是一种毫无私利的产品，对贫困人口和经济欠发达国家类似福音。听起来，这并不像一般币圈的白皮书那么神乎其神，更像是一个银行给客户的告知函——你没看错，Facebook 把 Libra 包装成一个新的金融服务创新。甚至，类似国内很热门且带有公益色彩的普惠金融。

Libra 白皮书中指出，很多人没有开立银行账户，往往是因为没有足够的资金、费用、银行距离太远，以及缺乏必要的手续材料。穷人为金融服务支付的费用如此之多，至于辛辛苦苦赚来的收入被用来支付汇款手续费、电汇手续费、透支手续费和 ATM 手续费等。他们目标的第一条，就是让更多人享有获得金融服务和廉价资本的权利。瞬间，Facebook 有一种"穷人的银行家"的感觉。

从技术方面讲，Libra 旨在建立一个新的去中心化区块链、一种低波动性加密货币和一个智能合约平台的计划。但是注意，这里的去中心化，并不等于大家熟悉的公有链，而是采用联盟链。二者有什么区别？公有链，也就是人人都可以访问，大家熟悉的比特币、以太坊都是采用这种方式，意味着链接上的节点可自由加入或退出。所谓联盟链，则是多个机构参与共同管理，Libra 也就是由"天秤座协会"（Libra Association）管理。

大家知道，在数字时代，隐私因素越来越重要。有国外分析人士在《数字货币：货币革命进行时》一书中指出，马克·扎克伯格在 2019 年宣布将把 Facebook 的重心转向个人群组和私信，希望把其加密数字货币定位为具有市场主导性的隐私稳定币（private stablecoin，PUSD）。

不过，他们也指出，此间存在矛盾，"大多数注重隐私的加密数字货币，如门罗币，其币值都是不稳定的。大多数稳定币，如泰达币，都是不关注隐私的。Facebook 期望其加密数字货币可以提供一种两全其美的解决方案。但事实是，人们总是很难知道 Facebook 拥有哪些用户数据，以及它在用这些用户数据做什么"。

也正因此，稳定币目标和定位，和其他货币或者平台不同——具体而言，他们认为比特币的目标是成为一种投资工具，以太坊的目标是成为一个 App 平台，而稳定币这样的加密数字货币，则是成为一个常规的支付系统。某种意义上，稳定币看起来希望在各类监管机构面前，呈现出币值稳定、安全可靠的货币"好孩子"模样。但是如果真的发挥作用，它的应用场景更多，对于当下货币的替代作用最大，显然它对于现有法币体系的冲击可能更大。

从天秤币到世界币之类的数字货币能否成功，还是未知数，但是它的探索值得关注。如果说比特币诞生于理想主义，Libra 模式则是其现实主义转型。创建 Libra 这一举措，并不是一些国内评论家鼓吹的革命，更类似一次妥协，是在主流金融体系和边缘数字货币之间谋求最大公约数。这种举措，目前还没有触及金融和货币的核心，但是已经引发监管机构的关注，Facebook 与其沟通也体现得小心翼翼。一些狂热分子觉得 Libra 没有吸引力，而且 Facebook 只是想做一个"网联储"。这种妥协性，反而是它有价值的地方。

设想一下，Libra 如果成行，对于主流金融甚至政治体系有巨大冲击，对于货币发行权以及银行系统也有冲击，更不用说还存在反洗钱恐怖主义甚至数据安全以及隐私的问题。也正因此，主流体系对于 Libra 的围堵，也在意料之中。

果不其然，Facebook 推出石破天惊的 Libra 白皮书不久，就遭遇了不少抵制，尤其是来自不同国家中央银行的抵制，无论是美联储主席还是欧洲央行前行长、英格兰银行前行长甚至中国央行官员等等"货币王者",都不同程度地对 Libra 提出警告,对于 Libra 可能涉及的如洗钱、恐怖主义融资、隐私、金融稳定、投资者跋扈等问题表示担忧。最典型的是法德两国政府。在 2019 年 9 月 13 日于赫尔辛基举行的欧元区财长会议上,德国和法国联合发表了对 Libra 加密货币的联合声明,双方均表示 Libra 项目无法对其可能产生的风险提供合理解释和相应的解决方案,发行货币的权力只能属于主权国家政府,任何私营实体机构不能参与此类工作。

这些担心,说明了什么?核心依旧是关于权力与控制,或者说既有监管体系对于新生事物可能脱离其控制的恐惧——譬如,一个很现实的可能性在于,如果 Libra 影响扩大,加上 Facebook 拥有如此之多的用户,最新数据显示其月活跃用户数量已经超过了 30 亿,这样一来,Libra 之类的加密货币可能就不受现有体制的监管,将对不少国家的货币政策和跨境资金流动带来冲击。

这些集体举措,很快就看到了结果,与 Libra 沾边,从一件高收益的事变成一件带有高风险意味的事。从 2019 年 6 月 Facebook 宣布 Libra 计划起,四个月后,Libra 在日内瓦举行成立大会,声势已经不如往昔。在 28 个创始会员中,已经有 7 个重要的会员退出,其中包含 eBay、MasterCard、PayPal、Visa 等行业巨头。

一年之后,在压力之下,Facebook 推出白皮书第二版,这被视为 Facebook 的妥协与让步。的确,Libra 计划发布以来,美国国会曾经多次举行听证会，对其在金融安全、数据隐私和监管合规方面的风险表示担心，加之 Facebook 曾经爆出用户信息遭泄露事件，令这种担心更加升级。同时，前文提到，一些原本计划参与的知名支付机构退出了 Libra 计划，也给 Facebook 施加了很大压力。第二版中的重要修正，与来自政府与合作伙伴的要求与压力无疑紧密相关，其中尤其强调其目标是开发一个能够遵守适用法律和法规的系统，并且能够支持 Libra 开放性和金融包容性。

可以说，在监管狙击之下 Libra 的发展并不顺利。2020 年 12 月 1 日晚，Facebook 官网更新信息称 Libra 已更名为 Diem，后来，2021 年 10 月 28 日，社交媒体巨头 Facebook 公司在元宇宙热潮之下，宣布正式更名为"Meta"。再后来，元宇宙热度过去了，新的时髦是 ChatGPT 之类的生成式人工智能。

即使如此，技术巨头主导的货币探索仍旧没有停止。ChatGPT 之父、OpenAI 创始人萨姆·奥尔特曼就在 2023 就推出新项目，眼球扫描加密货币项目——世界币。

经济学家明斯基早就说过，人人都可以发行货币，关键看别人是否可以接受。所以无论什么货币，数字还是印钞，关键在大家认不认，多少人认。在某些地方、某些时刻，因为极度的贪婪以及极度的愚蠢，也许可以造就一时的暴富或出局，但是站在金融史的高度，这注定是数字货币中的小浪花，不应该也不值得过度追逐。真正重要的命题在于，数字货币这个支流，能否汇入主流甚至改写主流的流向。

　　归根到底，加密货币是不是货币？这是一个生死攸关的大问题。现在的各种言之凿凿中，其实并没有很好的答案。我们必须承认，目前掌握的知识和储备，恐怕还不足以给出终论。看起来确凿无疑的答案，必须加以警惕。

　　总结而言，一方面，就货币作为一种可被接受的支付承诺而言，加密货币有潜力成为一种货币；只要各种加密货币经过竞争，就会自动涌现一种最被接受的加密货币。但最终，加密货币必须与现实货币发生勾连。现代世界的货币在主权国家和政府的掌控范围之内，现在，加密货币能否迫使或者赢得主权货币合作，从而成为真正的无主权货币，还有很多障碍需要克服。

　　正因如此，即使后来遭遇挫折，Libra 模式的探索，如何加以重视都不为过，各方的强烈反应也恰恰说明 Libra 可以激起的可能动能。其模式成败，更是揭示了一点，主流数字货币的未来，主要来自多方博弈结果，监管力量不容忽视。

央行数字货币向左，区块链向右

数字货币很核心的问题是，数字货币会颠覆现存货币制度么？

数字货币的诞生，本身可以视为对金融危机后全球的中央银行成为"印钞者"的一次反叛。对各国中央银行而言，数字货币带来的挑战显然存在。不少央银现在也开始着手发布官方数字货币。这些年，最大的趋势就是原本最保守的各国央行，都纷纷发力数字货币。

按照国际清算银行 2022 年针对全球主要的 81 家中央银行的调查，有 90% 的中央银行正在进行数字货币的相关研究，有 62% 的中央银行正在进行相关实验或概念验证。

根据 2022 年的数据，已经有超过 10 个国家的中央银行正式推出了数字货币。中国人民银行也在其中，而且在数字货币领域可以说是走在世界前列。2019 年，中国成为第一个正式试点央行数字货币的主要经济体，涵盖人口过亿，消费场景包括公共交通、消费刺激和电子商务等。据说最早中国人民银行发行的货币名字叫 DCEP。后来，又定名为"E-CNY"（数字人民币）。

按照业内看法，央行数字货币分为两种，零售和批发型，使用场景不同。具体到中国，一般认为，央行数字货币可以部分替代狭义货币流通中现金（M0）的功能。M0指银行体系以外各个单位的库存现金和居民的手持现金之和。所以，DCEP基本可以看作现金的数字化，和人民币是1∶1自由兑换。从技术上看，央行数字货币采取商业银行和中央银行的双层制度，适应国际上各主权国家现有的货币体系，甚至不一定采取区块链技术。

看起来，它与支付宝、微信支付差不多，但是其实在货币属性上有本质区别：一个是央行负债，属于狭义货币量M0；另一个是商业银行负债，属于广义货币量M2。M2是指流通于银行体系之外的现金加上企业存款、居民储蓄存款以及其他存款。

所以，有人总结，央行数字货币是数字货币，而支付宝和微信支付则是货币数字化。话虽如此，M0、M2这些概念，在今天已经意义不大。对于消费者而言，央行数字货币和支付宝、微信支付给人的感受也许没有什么不同。

现在对央行数字货币进行评价为时过早。央行数字货币模式的定义并不那么清晰，多数央行还是持观望态度。因此，央行数字货币从发行到落地再到最后评价成败，每一步其实还有很漫长的路。央行的数字货币，去中心化必然不会很激进。但是也存在一些问题，比如央行如何保护隐私性？再比如，央行数字货币往往需要直接面对客户，央行如何证明自己具备直接面对客户这方面的经验？前美联储主席格林斯潘之类的"老江湖"，也对央行发行数字货币表示了不少怀疑。从目前看，央行数字货币设计上比支付宝之类还保守，意义耐人寻味。这些问题，不仅仅是技术问题，不是泛泛谈公链或者私链就可以厘清的问题。

央行数字货币既然还有那么多没解决的问题，为何着急推出？原因就在于 Libra 之类货币的竞争——可以说，央行作为印钞者，需要争夺数字货币的定义权，好像是与其等人革命，不如自己革自己的命。从不少海外专业人士的看法来看，更支持央行发行数字货币——毕竟，在私人大公司 Facebook 与看似中立的中央银行之间，社会的主流显然更欣赏中央银行。

前面说过央行数字货币看起来优势不明显，为什么还是很多人支持？其实，这与数字货币自身弊端有关，主流数字货币有不少好处，也有不少问题，最大问题之一就是缺乏稳定性。

按照国际货币基金组织的定义，货币分为五种。

第一，央行货币，比如现金和央行数字货币。

第二，银行货币。比如商业银行存款。

第三，电子货币，主要表示支付领域突出的新型货币形式，由企业信用背书，比如支付宝、微信支付以及印度的 Paytm 等。USDC 等稳定币也属于这个类型。

第四类是加密货币，一般是非金融机构发行，在自有账户体系中计价，比如比特币、以太坊等。

最后一类是 I-money。它和 E-money 类似，唯一的区别在于对应价值不固定，往往是黄金、一揽子货币、股票投资组合这些浮动资产。最典型的是 Libra，即银行存款和短期政府债券的资产组合。

从上述分类可以看出，以世界货币基金组织为代表的金融机构，对于币值稳定性看得很重。它们其实对 Libra 稳定性表示怀疑，甚至建议应将所有筹集的法币资金 100% 存缴至中央银行。Libra 和央行数字货币，目前看来其实路数不同。

任何货币，都是基于信用的存在。比特币过去的成功，首先基于一个前提，即算法保证其有限性，其次，在于去中心化以及匿名性等优点。其实回想一下金融史，这些因素在黄金成为世界货币的路上起到了决定性作用。诞生之初，币圈人士对于比特币的信念，和当年对于黄金狂热的粉丝的程度一致。以至于经济学家保罗·克鲁格曼称之为"一个包裹在自由主义意识形态之茧中的科技神秘主义泡沫"。

同时，比特币的初心之一，是抗拒央行看起来不受控制的货币滥发。但如今看来，没有共识的币圈更为可疑，共识的分裂不仅会带来新的货币，也会引发新的滥发，虚拟货币何来底气去嘲笑各国逐步取得独立权的央行？

比起比特币自身涨跌，比特币所代表的，对于主流央行的不信任暗流，其实更值得思考。这种反建制的思潮，与特朗普之类的政治人物的兴起也隐约勾连。比特币背后的区块链的兴起，已经是不可忽视的力量，传统力量与这种新兴力量的角力，还会继续。

比特币的故事，还没有到终章。央行的数字货币，最终也会出现。在数字货币问题之外，其实有更大的底层故事，那就是区块链技术。

所谓区块链，是一种由多方共同维护，使用密码学保证传输和访问安全，能够实现数据一致存储、难以篡改、防止抵赖的记账技术，也称为分布式账本技术。这意味着，区块链数据库能够进行自主管理。

区块链，按照最简单的理解，可以看作一串技术组合。学者朱嘉明就指出，"区块链"是一个集群概念，包括大数据，云计算和人工智能；而"物联网"，则属于区块链的一种利用。

国内研究者肖风这样总结区块链："第一，它是分布式账本：全部机构一本总账、各种事务一本总账；第二，它是新型数据库：没有中心机房，没有运维人员，第三方按共识算法录入数据，非对称加密算法保证数据安全，数据客观可信，不可篡改；第三，它是智能合约：是一段能够自动执行约定条件的计算机程序，依靠智能合约技术，理想中的世界就好像一台精密运行的计算机，一切都可以事先约定，编成代码，依程序行事；第四，它是 TCP/IP 模型（互联网模型）里的点对点价值传输协议。"[1]

可以说，区块链进入比特币的圈子，只是刚好，因为区块链

---

[1] 阿尔文德·纳拉亚南、约什·贝努、爱德华·弗尔顿等：《区块链：技术驱动金融》，中信出版社 2016 年版。

技术刚好可以解决信用问题。比特币是区块链技术最著名的运用场景，但也仅是可能场景之一。理论上，区块链有很多运用方式，可以信息共享，做合约，做平台。区块链被认为可以改革目前的商业模式，甚至有一个新概念，叫"链改"，区块链的链，改革的改。

世界银行内部区块链实验室创立人称，目前区块链在金融领域的前景应该说最广阔。原因在于，最基本的应用场景就是价值的登记和传递，所以目前区块链运用比较成熟的是票据。巴比特执行总裁段新星，曾经这样总结区块链运用三定律：第一，区块链技术更适于资产网络；第二，应用区块链技术一定要有多方写入数据的需求；第三，区块链技术的应用一定具有天然弱中心化的特点。最后一点，其实很关键，区块链不等于去中心化，但离不开去中心化。大家都关注的去中心化，其实更应该理解为"自组织"，这意味着不依赖任何开创者或者程序。

我们曾经说过金融业人士和数字货币领域的技术人士认识差异，在区块链这个领域更是如此。甚至，在传统金融业人士看来，区块链目前的应用，最大的瓶颈之一就是如何合规。合规问题，其实就是区块链的合法性问题。维持写入信息的真伪以及线下的执行，需要一定程度的秩序。

对于中国人来说，更耐人寻味的问题是，为什么在 2019 年，官方肯定区块链。科技竞争已经成为国际博弈重要筹码，中国如果要实现"弯道超车"，自然需要另辟蹊径突围。比起基础研究与芯片等领域，区块链看起来也许更具备想象空间、更便捷。更不用说，区块链结构天然适合嫁接金融系统，自然被认为有利于对抗美元为核心的传统金融体系。

比特币等为代表的虚拟货币，显然已经不能忽视。这些虚拟货币，成功的内核是什么？很大程度上是技术革新与自由理念驱动的传奇，是我们曾经聊过各类泡沫故事的现代翻版。这就是一种当代炼金术。你不要误会，这里不是说它骗人，古代炼金术就是现代化学的起步。任何技术飞跃的前身，往往都需要泡沫或者说用钱砸出来，只是能否走出自己的路，最终都需要时间来考验。

货币的问题太复杂，个体的智力与理性难以谋划，回顾历史与现实，货币是一种发现而不是发明，这对于我们理解货币理论至关重要。也正因此，面对货币理论，我们不妨谦卑一点，多耐心一点，倾听不同声音。

回顾历史，中央银行的诞生以及货币发行，并不是规划的结果，而是市场的最优选择。还是那句话，敬畏货币，从敬畏市场开始。有句话说"币圈一日，世间一年"。所以，对于数字货币，重要的是要抱着学习心态，但是也不要总是一惊一乍。无论时代如何变，货币的逻辑本质，始终还在，有了这把尺子，去丈量外界瞬息万变的各种新事物时，也就有了圆心和定力。

——— 结语

了解货币，把握未来

巨变时代，探索货币的未来

剧变时代，货币走向何方

钱做仆人很好，钱做主人很糟。

——弗朗西斯·培根（Francis Bacon，1561—1626）

充分地理解过去，我们可以弄清楚现状；深刻认识过去的意义，我们可以揭示未来的意义；向后看，就是向前进。

——俄罗斯思想家赫尔岑（Alexander Herzen，1812—1870）

一切固定的僵化的关系以及与之相适应的素被尊崇的观念和见解都被消除了，一切新形成的关系等不到固定下来就陈旧了。一切等级的和固定的东西都烟消云散了，一切神圣的东西都被亵渎了。

——卡尔·马克思（1818—1883）①

无尽的发明，无尽的实验，

---

① 《马克思恩格斯文集》第二卷，人民出版社 2009 年版。

带来运动的，而非静止的知识；

发言的，而非沉默的知识；

对可道的知识，和对常道的无知。

我们的一切知识都使我们更接近无知，

我们的一切无知都使我们更接近死亡，

可是接近死亡并不更接近上帝。

我们在生活中丢失的生命何在？

我们在知识中丢失的智慧何在？

我们在信息中丢失的知识何在？

——诺贝尔文学奖得主、诗人 T.S. 艾略特

（T. S. Eliot，1888—1965）[1]

很少有哪个时代面临过如此局面：一方面，其遭遇的战略和技术挑战如此复杂；另一方面，对该挑战的性质乃至讨论其所需的词汇却鲜有共识。

——美国外交家亨利·艾尔弗雷德·基辛格

（Henry Alfred Kissinger，1923—2023）

未来已来，只是尚未流行。

——美国科幻作家威廉·吉布森（William Gibson，1948—　）

---

[1] T.S. 艾略特：《艾略特文集》，上海译文出版社 2012 年版。

货币即记忆。

——明尼阿波利斯联储前主席那拉亚纳·科切拉科塔

（Narayana Kocherlakota，1963—　）[1]

---

[1] Narayana Kocherlakota，1998，"Money Is Memory"，*Journal of Economic Theory*，81，（2）：232—251.

当下无疑是货币的巨变时代。

一方面，美元霸权不断遭受诟病，然而新兴国际货币却始终没有可以与之匹敌的，全球货币体系仍以旧结构来应对新挑战；另一方面，比特币价格上蹿下跳，诸多其他加密货币此起彼伏，科技巨头发行货币雄心暴露无遗，即使最保守的中央银行也似乎迫不及待地要参与这场数字游戏的盛宴。

货币将走向何方？货币制度将如何变化？比特币等数字货币，带来的冲击，是一时变化还是永久性的变化？数字货币与现行货币制度，是竞争还是合作？

诸多疑问的答案，需要回到货币的源头，知道货币从何而来，就知道货币将流向何方。

美元霸权 vs. 人民币崛起

再一次，"天下苦美元久矣"的合唱响起。

俄乌冲突之后，一系列货币相关事件成为新闻热点。作为石油美元的主要盟友，沙特阿拉伯再次表示愿意以美元之外的货币出售石油，并不断减持美国债务；中国与巴西则达成协议，为双边贸易建设双方货币清算安排，跟进的国家还有伊朗与伊拉克。不少专家认为，一个多极化的世界正在到来，人民币成为美元的一个替代选择。

美元霸权还能维持多久？下一个核心玩家会是人民币么？这需要我们回到货币的核心逻辑。

美元没落，似乎是一个经久不衰的新闻头条，半个多世纪以来几乎每隔几年就会出现一次。问题是，这么些年来，抛弃美元的口号不变，而美元地位依旧。按照英国《金融时报》报道，关注央行的智库国际货币金融机构官方论坛（OMFIF）的 2023 年调查揭示，未来十年美元将在世界主要储备货币中继续保持主导地位。当然，这些储备机构预计，美元在全球外汇储备中占比将继续"平缓"下降，然而所谓"平缓"是多少？其实也就是个位数的区别，预计十年后美元的占比仍将达到 54%，目前这一比例为 58%，1999 年这一数字大概是 72%。

每当美国经济动荡抑或美联储政策激进时，不少国家或者媒体不吝于口诛笔伐，唯恐美元不乱。最近这一波对于美元的怀疑，一方面在于美国近年的通胀以及随之而来的高利率，导致其他国家货币政策不得不被动跟随，苦不堪言；另一方面，则是来自 2023 年爆发的硅谷银行等银行危机，引发对于美国银行系统的担忧。更重要的是，美元以及美元系统成为美国对某些国家进行金融制裁的工具，引发对于美元的反弹。抛开美元另起炉灶一直是很多国家热衷讨论的话题。

坦白说，美元是有问题，而且问题不少。此前量化宽松政策导致的"超发"隐忧、当下美国债务过高、银行系统的监管漏洞、美国政治的分裂等等，合并在一起，确实值得担忧。但是问题在于，无论美国有多少问题，美元始终有其优势：美国经济不好，往往也意味着全球经济更不好，这个时候，全球资产往往倾向于追求安全，倾向于拥有美元，美元会受欢迎；而当美国经济走强，全球各国也会弱化寻找美元替代者的欲望。

如今各种对于美元霸权的批判或者各类替代建议，似乎都忽略了一个本质要点，即货币霸权是怎么确定的？

在普通人视角中，总觉得经济实力应该与货币实力画等号，这也导致很多人觉得美元的支配力超出美国经济在全球经济份额，而人民币等货币明显显得不足。这种认知，忽略了货币的特质：

货币本质是一个信用的比拼，而信用不仅仅和 GDP、人口等硬实力有关系，很多时候更是看不见的软实力，和大家心中的天平与头顶的道德法律都间接有关。货币之间的比较，有时候是谁比谁好，有时候是比烂，谁比谁不烂。

要追问美元霸权走向何方，首先要思考其从何而来。本书前面的章节中，曾经梳理过国际货币的成因。美元霸权并不是一天成就的，此前英镑也有长期的优势地位。站在英镑的视角看美元，很自然就看到美元的国际化并不是像后人想象的那样一帆风顺。不少直觉的看法认为，一国的经济在世界份额中扩大，就会很自然引发其货币的国际化，最终自然替代国际货币本位地位。但从实际情况来看，情况并非如此。美元国际化的历程，就体现了这一点。

在英镑成为国际货币的同时，美国的经济实力已经开始超越英国。到 1870 年，美国的商品和服务生产已经超过了英国。但是，美元此时在国际支付、储备等方面所占据的地位极低，甚至不如荷兰盾。这看起来很反常，但其实也非常正常。

货币国际化的主要推动力有三点，那就是该国经济实力、该国金融市场深度以及最后贷款人即央行的意愿。从这点来看，美国在 20 世纪初期，只满足了第一点即经济实力，而金融市场深度和最后贷款人意愿都长期欠缺。直到二战之后，当这两个短板都被弥补之后，美元才真正建立起其国际本位货币地位。

梳理这些历史，对于当下尤其是人民币国际化有什么意义？人民币国际化将走向何方？

沉寂数年的人民币国际化，这些年有提速迹象，引发境内外的不少议论。首先，人民币清算与货币互换协议推动提速。从清算角度而言，根据相关数据报告，中国人民银行已经在 29 个国家和地区授权了 31 家人民币清算行。这对于人民币跨境清算效率、便利跨境人民币使用显然意义不小。而从货币交换角度而言，达成类似协议的国家也增加了，截至 2021 年末，中国人民银行与累计 40 个国家和地区的中央银行或货币当局签署过双边本币互换协议，据悉总金额超过 4.02 万亿元，有效金额 3.54 万亿元。

其次，人民币在国际支付中排名有所回升。环球银行金融电信协会（SWIFT）报告指出，2023 年 2 月，在基于金额统计的全球支付货币排名中，人民币保持全球第五大最活跃货币的位置，占比为 2.19%。对应的，美元、欧元、英镑和日元分别以 41.1%、36.43%、6.58% 和 2.98% 的占比位居前四。

中国人民银行显然对此有更清醒的认知，对于人民币国际化的不少举措，也表示是提供多样化选择，并没有表明是去美元化的举措。回看人民币国际化，在不同层面，都曾多次掀起浪潮，不同的人有不同的视角。这其中也有内外之别。从中国内部，尤其从国家层面来看，显然，追求与中国经济实力匹配的货币地位是自然选择，是大国崛起所难免的；从技术层面来看，更多是期待借助人民币国际化完成中国金融系统自身改革，再来一次"以开放促改革"；对于希望走出去的企业或者老百姓，更多是关心人民币能不能便利使用、保持坚挺，或者以后出国能不能直接支付人民币。

从外部来看，更多是利益思维主导。对于境外资本，更多是希望借助人民币国际化完成中国资本项目开放等政策，从中获得更多便利；对于某些对美元独大不满的国家，支持人民币国际化显然也是对于美元的潜在敲打；而对于某些国家，尤其是经济与货币远不如中国的国家，更希望借此获得优惠，避免哪天被美国彻底拿捏。

从英镑以及美元的历程来看，任何货币的国际化，其实都是自我选择以及市场推动的结果，而且后者的作用更大。譬如，英镑之所以能够占据那么久的国际货币位置，很大原因在于美元最开始并不愿意承担这一责任——对，你没看错，是责任。成为国际货币，在一些人看来是权力甚至特权，但在真实世界中，在市场中维持权力，都需要支付对应的价格即责任，也就是对于世界经济金融体系平稳的支撑。

这些责任，英镑曾经承担过，美元也是，人民币未来很可能也会承担，但是这个时机，应该不会在短期之内到来。当我们谈论美元霸权时，应该回到一个核心，"霸"意味着什么？那就是诸侯之中实力最强者与规则最强力的维护者；人人诟病的霸权，是在公认实力的基础之上，在没有霸王之前，也许更智慧的做法是低调，"高筑墙，广积粮，缓称王"。

　　和人民币类似，在后发国家中曾经最接近挑战美元地位的应该是日元。但是随着日本经济兴起与没落，日元国际化难言成功。几年前，在东京访学时，我曾经询问一位主导日元国际化、有着"日元大师"之称的学者，日元的国际化能为中国提供什么经验？他智慧地笑笑说，这就要看你们愿意付出什么样的代价了。

　　这个问题，该谁来回答呢？或许，这才是人民币是否能够挑战美元的根本之所在。太平洋足够大，可以容下中国和美国；世界如此广阔，也应该容下美元与人民币，前提或许是大家能够彼此承认对方的地位与网络。

货币的等级：货币金字塔

所有货币都是钱，但是钱和钱之间依旧存在不平等，或者说存在等级和序列。

正如美国经济学家佩里·梅林（Perry Mehrling）的所言，"何时何地，货币体系都是分等级的"。国际政治经济学学者本杰明·J.科恩的模型更进一步，把货币世界比喻为一个巨大的金字塔：越靠近上面的顶部越狭窄，这里是最强的货币牢牢占据主导地位，而下方则越来越宽广，是各种次级货币的此起彼伏，这反映出不同程度货币竞争的优劣对比。①

他指出，金字塔塔尖上面是顶级货币，比如第一次世界大战前的英镑和第二次世界大战后的美元；其后是各种贵族货币，比如欧元与日元；接着则被定义为精英货币，比如今天的英镑、瑞士法郎和澳元；最后是平民货币、渗透货币、准货币、伪货币——越往下，该货币使用区域以及接受度越来越狭窄，价值也越低。比如准货币（Quasi-currency）是保留名义主权的货币，但

---

① 本节参考科恩：《货币的未来》一书。

是价值储存的职能被取代，而且在很大程度上其计价单位和交换媒介的职能也被取代，全球许多脆弱的经济体如阿塞拜疆、玻利维亚、柬埔寨等国的货币在科恩看来，已经属于准货币，而伪货币就更劣等，最明显的例子是像巴拿马的巴尔博亚（Balboa）这样的代币。

在提出货币金字塔这一理论的时代，比特币还不存在，货币金字塔的顶端被认为由三大货币构成，即美元、欧元和日元。科恩也指出一点，一国在货币金字塔中地位越高，放弃与之相关的自由裁量权的意愿就越低，也就是说，对于传统强势货币而言，放弃既有地位做出改变、革自己的命，何其困难。

可以说，预言美元消亡或者一个多极化货币格局出现，一直是国际货币的热门话题，问题是在过去一直缺乏强有力的美元替代品。2019 年，美国前财政部长劳伦斯·萨默斯（Larry Summers）在哈佛大学演讲时就说过一句俏皮话，"你不能用不存在的东西取代某物。当欧洲是博物馆、日本是疗养院、比特币是实验品时，还有什么货币比美元更适合作为储备和贸易货币？"

在原有的货币权力的网络中，冲击这一等级存在相当难度。萨默斯所谓"不存在的东西"，也许是真的不存在，也许只是大家心存疑惑，比如数字货币。那么数字货币的横空出世，是否使得原有货币格局有了转机？

无独有偶，有江湖的地方就存在大小，在数字货币世界也存在等级。在数字货币之中，比特币是绝对的王者。转眼之间，比特币已经诞生超过十年。在 2009 年刚刚诞生时，比特币价格不到 1 美分，如今比特币的价格高若云天，达到了数百万倍涨幅。

更关键的是，比特币在货币版图中的角色今非昔比。众所周知，如本书前文所言，比特币理念诞生于 2008 年秋天，当时距离大名鼎鼎的雷曼公司破产只有 46 天。按照剑桥大学报告，2020 年 9 月有超过一亿人持有比特币；与此同时，比特币受到不少对冲基金等机构大力追捧，在传统的金融业，不少机构已经建议客户在资产配置池中，为数字货币尤其比特币留有一席之地。根据 Morning Consult 的《消费者银行和支付状况报告》，截至 2021 年，24% 美国成年人拥有加密货币，甚至略高于持有定期存款账户的美国人。

面对这样的变局，我们应该重新看待货币世界的权力变迁。南加州大学马歇尔商学院学者尼克·巴蒂亚（Nik Bhatia）来自业界，他将比特币等数字货币放在世界经济版图巨变下来思考货币变局。[①] 他的业界背景，使得他对于货币的思考更多来自真实世界，也天然与传统主流学术观点有所不同。尼克·巴蒂亚认为"比特币"这个词有两重含义，一方面是比特币的软件协议，另一方面是该协议中的货币单位。比特币将一种名为"安全散列算法 2"的军用级加密算法与智能规则结合，不仅使得比特币能够扮演类似黄金的地位，而且诞生新的协调机制，也就是大家都知道的"区

---

① 本节参考其《货币金字塔：从黄金、美元到比特币和央行数字货币》一书。

块链"。

从这个意义上而言，他认为比特币的角色可以用三个比喻指代：黄金、土地与电子邮件——黄金表示比特币是数字黄金，比特币的稀缺性使得它和土地一样不可再生，类似黄金本位时代的不动产，而比特币的工作原理其实也与电子邮件比较类似，邮件接受发送数据，而比特币接受和发送价值。

从科恩到佩里·梅林以及巴蒂亚等人，都揭示了一个核心，货币存在等级或者说分层，这其实有更多深意。

首先，认可货币是分层的，意味着不同的货币存在高下等级。值得注意的是，这种等级不是价值的不同，而是意味着对于货币政策以及真实世界影响的不同，就像价值一亿美元的黄金和价值一亿美元的津巴布韦币，或者央行发行的基础货币与商业发钞行发行的货币，即使票面价值一样，但是在真实世界作用各有不同。

其次，数字货币在其中能起到什么作用？粗略地看，分层货币可以分为三到四层，类似一个金字塔。在金字塔的顶端，也就是权力最高影响最大的货币，放在全球视野中，之前是黄金，随后是美元，最后是尼克·巴蒂亚认为的比特币。

最后，站在数字经济的变局中，如何畅想未来？尼克·巴蒂亚注意到各国央行对于数字货币又管制又介入的态度。他认为在不久的将来，中央银行会在公开市场业务中增加比特币的交易功能，类似于交易各种主要外汇。在20世纪初期的货币金字塔中，主要模式是英格兰首先成功推行的金本位制，也就是国际金本位制，即顶层是黄金，第二层是各国中央银行，第三层则是英镑、美元、法郎与马克等各国主要货币。在美元国内货币体系中，顶层是美国国债，这是因为国债往往被认为无风险资产，其次是美联储、银行与货币市场基金。

在过去，大家抱怨美元主导的货币体系，却没有更好的机制替代，如今比特币横空出世，连带刺激了各国央行的数字货币，尼克·巴蒂亚认为这是一场货币的"文艺复兴"，比特币甚至会取代各国央行货币，成为世界储备货币，也就是唯一的第一层货币。

以比特币为金字塔尖货币的这个设想可以说非常大胆，但是也充满了疑问。比特币有优势，那么它的短板在哪里？首先，虽然比特币目前已经占据了数字货币王者的地位，但是数字世界还没有取代真实世界，比特币的市值还是没法和美元对比。比特币数量恒定，作为投资品这或许是优势，但是对于货币，这却意味着其至少在当下无法支撑更大的信用创造。

其次，比特币更多表现为资产属性而不是货币属性，也就是比特币的持有者更多是在押注比特币价格上涨，这使得比特币自身波动巨大。这或许对于投机者来说是机会，但是作为货币持有却不是优点。更不用说，在交易对手与货币创造机制方面，比特币还是没有传统的货币体系行之有效。

最后，比特币的出现，虽然基于货币自由的极客幻想，但也是源自监管机构某种程度的漠视或者包容。虽然我们身处 21 世纪，但真实世界的权力机构仍旧存在，比特币随时可能面临监管的强力打压。

即使如此，这些设想仍旧值得关注，尤其是其提供了主流框架之外的一个解释。货币的变革正在来临，只是未来仍在塑造之中，比特币即使真的是未来的黄金，但是其实践方式还是会与我们今天设想的多有不同。

数字货币的生与死

货币即权力，货币的竞争，除了涉及货币本身价值，也关系到权力的博弈，比特币之类的数字货币的兴衰也不例外。

数字货币并不是完美的货币。迄今为止，比特币仍旧是最重要的加密货币，它的故事可以说颇具代表性。曾经，世界首富比尔·盖茨等人都对比特币寄予厚望，期待它能掀起一场革命；但是随着时间推移，显然大家也意识到仅仅有比特币，不足以确保数字货币的成功。

作为一种数字货币，比特币的优点与缺点并存，甚至可以说都很明显。一方面，匿名性、实时性、透明性、点对点等，是很多人推崇比特币的原因，也是自由主义者、无政府主义者、数字货币狂热鼓吹者以及骗子对于比特币不吝赞美的原因。另一方面，比特币的缺点也很明显，长期关注货币的康奈尔大学教授埃斯瓦尔·S. 普拉萨德（Eswar S. Prasad）的观点，可以说代表了主流经济学界的看法："首先，一种无担保的、私人发行的货币难以保持稳定的价值；其次，面对海量的零售交易，用于确认交易的去中心化机制却无法扩展；最后，比特币无法实现其作为数字支付系统所能实现的真正匿名性这一亮点特性。"①

前些年，数字货币势头迅猛，大有摧枯拉朽打倒一切主流货币的趋势。这种趋势，甚至影响到大众的心态。比如我做经济分享，早些年往往有读者问投资房地产或者资本市场的问题，最近几年，听众主要问数字货币的问题。不仅大众如此，一些监管者也开始改变态度。比如，2022年10月末，中国香港地区发布了数字资产的"香港宣言"，强调香港争夺亚洲头号加密货币中心的愿景，这被认为是突然转向，对散户投资者参与数字资产交易表示更欢迎的态度。更不用提，流入新加坡的数字资产已经早早超过中国香港，一直被认为敞开怀抱"拥抱"加密货币。很多投资机构也把数字货币作为资产配置之一。

押注数字货币的未来，也是在押注资产升值的希望。对投资数字货币的狂热鼓吹者而言，也更像一场豪赌，不仅是购买未来暴富的可能，更是购买下个时代风口的船票。英国《金融时报》播客中聊过加密货币成瘾的治疗：据说在苏格兰那边，2016年就成立了第一家诊断和治疗加密货币成瘾的康复诊所，短短几年时间，已经接待了两百多位患者。

回头来看，数字货币是什么？有人认为它就是替代现金的电子形式货币，有人认为它是新时代的黄金，也有人认为它是新世纪的楔形文字，或者说"数字即货币"。更有人认为，央行数字

---

① 参见埃斯瓦尔·S. 普拉萨德：《金钱的未来》，中译出版社2022年版。

货币才是唯一的未来。也有人认为数字货币就是为犯罪专用[1]，为构建各种地下暗网与洗钱勒索创造便利，通过加密货币进行的非法交易不断滋生，在 2021 年是 180 亿美元，2022 年达到 200 亿美元。

这些驳杂观点背后，其实不仅是泾渭分明的黑白对立，也体现了不同价值碰撞的博弈。我们不要忘记，发明比特币的中本聪虽然不知是否确有其人，但是这个 ID 出现是在金融危机之中，而且他曾经在发明比特币的创世区块中引用了一条有意思的摘录，就是一条《泰晤士报》2009 年 1 月 3 日的新闻，"英国财政大臣正欲对银行业实施第二轮救助"。银行不当经营造成了危机，危机之中，政府不得不出手救助银行，但这些救助计划曾经引发很多反对声音。

也正因此，很多人都认为中本聪发明比特币，本质是对于货币当局的忍无可忍。这也几乎奠定了数字货币一开始的文化调性，最早拥护数字货币的人，多数都有技术背景，信奉自由放任的经济哲学，甚至不少人是米塞斯·哈耶克的追随者。哈耶克就曾经说通胀主要源自权力之手，"随着政府对货币政策的控制，通货膨胀成为这一领域内的最大威胁。随时随地，政府是通货贬值的主要根源"。他所写的《货币的非国家化》一书，也成为这些人的新

---

[1] 参见 "Using crypto for crime is not a bug—it's an industry feature"，https：//www.ft.com/content/83b5932f-df6f-47a6-bf39-aa0c3172a098。

圣经，哈耶克在这本书就明确说过，货币政策更可能是经济衰退的原因而不是解药，其中推手就是货币当局，因为它们很容易屈从于廉价发钞的诉求，这显然不利于经济。

尽管偶尔会有冗延日久的金属货币贬值，但过去较大的通货膨胀都是政府要么削减硬币的金属含量、要么发行过量纸币的结果。今天的一代人可能更防备那些政府通过发行纸币弥补开支、破坏货币的粗俗做法，但现在，通过更微妙的、公众可能较少注意到的程序，政府也可以干同样的事。

这些数字新贵的对手，往往是强调风险控制的传统金融业，以及主张保护投资者的监管方，也就是哈耶克所谓的"屈从于廉价发钞的诉求的货币当局"，二者之间的碰撞难以避免。不得不承认，随着互联网时代到来，政府对于货币的权力有所削弱，货币甚至有恢复到 100 多年前的情况的趋势。货币不再是独家垄断经营，交易者、投资者以及民众都有了更多选择，即使科恩定义为处于货币金字塔顶端的国家和底部的国家都是如此。

但是政府的影响依旧强大，"迄今为止，政府仍然主导着市场的供给，对目前货币的创造保持着管辖权"。更不用说，目前各种主流加密货币交易所，其实仍旧依赖监管的放行。而在各种金融丑闻之下，宽松监管时代已经过去了。在 2022 年，一位国外的前金融监管者索性就在 FT 网站上公开表示，在货币交易所公司结构和客户资产问题得到解决之前，监管者需要资源和政治支持来拒绝发放许可，所以监管加密货币交易所的最佳方式就是拒绝，"不妨从拒绝向他们授予许可开始——直到他们理顺了结构，可以确保合规"。①

可以说，数字货币之类事物的生存空间，目前仍旧维系于监管者或者政府的意志和容忍度。如今看来，革命尚未成功。当技术的光芒褪去，对安全的需求大过创新渴望之际，包容性监管的父爱主义不再，大家会发现，现有体制的力量仍旧强大，看似老朽的监管也许晃一下暗藏的锋利爪牙，不少财富泡沫都会随时散去，让无数巨头面临裸泳的尴尬：从 2020 年蚂蚁金服上市暂缓，到 2022 年美国规模最大的加密货币交易平台之一 FTX 申请破产保护，再到美国证券市场监管机构起诉全球最大加密货币交易所币安（Binance）等，单单在 2022 年，加密货币市场就蒸发了 1.5 万亿市值；在欧盟，更严格《加密货币资产市场》（MiCA）监管框架达成一致，将于 2024 年生效……所有的现象，都可以看到一个趋势：所谓新金融，仍旧需要旧体制的包容才可以长大甚至生存。

数字货币诞生之初，就包含对于主流建制的不信任，主打放任的数字文化与看重风险的主流金融文化，本身就是两种截然不同的文化。这种文化拉锯与碰撞，其实也决定了数字货币能走多远。对于数字货币，主流体系的态度是打压与收编。一方面，他

---

① "How to Supervise a Crypto Exchange", https://www.ft.com/content/6e2bd1b3-aa4a-40a2-9788-05ced5c1e0fc.

们一直抵制 Facebook 之类科技巨头发行的 Libra 等货币；另一方面，则积极推行探索各种官方数字货币，譬如各种报告显示主要经济体中，约 90% 的央行都在探索数字货币。中国在 2020 年开始在四个城市试点数字人民币，即使俄罗斯这样处于国际战局之中的经济体，也不甘人后，在 2023 年 8 月加紧推出了处于测试阶段的数字货币。

在这样的情况下，美国等主流金融大国，如果躬身入局，将有助于延续其原来的战略优势，也许可以从数字货币中获得更大话语权。但是，他们可能没有意识到这点，也许是长期的赢家地位使得他们不愿意做出太激进的变化。正如金融史学家尼尔·弗格森（Niall Ferguson）就曾经说过，如果美国足够聪明，就会醒来争夺数字支付的主导权。他认为在官方加密货币的竞争中，中国肯定会超过美国，"如果中国在这方面的实验成功了，将标志着货币历史上一个新时代的开始，并对美元作为主要国际货币的未来构成严重挑战"。[①]

某种意义上来说，当权力介入数字货币，数字货币也获得了正名的机会。当然，这个过程中，数字货币所拥有的很多非主流特质或者说优点，也可能被阉割、淡化甚至失去。作为货币，比特币之类数字货币的缺点显而易见，但是天下从来没有双全法，作为一种投资品或者数字资产，这些缺点只要不是致命的，甚至

---

① 参见尼尔·弗格森：《广场与高塔》第 59 节，中信出版社 2020 年版。

可以构成炒作的契机。很自然地，这也不是我们对于数字货币失望的理由，反而引发更多新数字货币入场与备选方案的竞争，这也带来了各种数字货币的繁荣。

　　未来传统货币和数字货币更多是竞争中有合作、合作中有竞争，而不是今天很多人认为的截然对立的竞争关系。也许，这就是货币变革不变的要义：理想状态下的货币市场，其方向不应该是在追求一种完美的货币，而是寻求多种货币并存的竞争格局。无论在政治世界还是在货币世界，竞争都是必要的，"两个魔鬼好过一个圣人"。

流动的货币：不变的共同体

童话《爱丽丝镜中奇遇记》中，有一个经典的桥段。

主角爱丽丝是一个小女孩，她与童话人物红桃皇后在乡间跑步。两人手拉着手跑。红桃皇后一直跑得很快，爱丽丝拼命跟上，精疲力尽，上气不接下气，而红桃皇后还不停地嚷着："快点儿！快点儿！"最后，爱丽丝发现，她们一点儿没改变原来的位置，也就是说，不论她们跑得多快，还是在原地。爱丽丝惊讶极了，在她来的世界也就是我们习惯的正常世界，跑那么快又过了那么长时间的话总能追到另外一个人。听闻之下，红桃皇后也很吃惊，在这里也就是童话世界，只能努力奔跑才能保留在原地，"喂，你瞧，在这里，要想停留在原地的话，就得用出你全部力量拼命跑。要想到别的什么地方去的话，你必须像那样跑得至少是加倍地快！"①

如果我们从进化论的眼光审视，这其实是一个隐喻：爱丽丝的时代是一个相对静止的时代，而一个变动的年代，也许就

---

① 参见刘易斯·卡罗尔：《爱丽丝镜中奇遇记》，上海译文出版社 2012 年版。

是一个红桃皇后的时代，我们只有努力奔跑才能保留在原地。在一个货币变化的时代，我们自然是不得不类似红桃皇后，努力奔跑。

货币即权力，这意味着谁掌握了货币，谁就掌握了当下与未来。在这样的情况下，自然也会有竞争与挑战。当下以美元为主导的国际货币系统存在诸多不合理的地方，甚至被认为是暂时性的制度。这话没错，但是从长历史角度来审视货币以及金融制度，我们会发现，金钱永不眠，货币一直在变化，并不存在一成不变的货币制度，任何货币制度的出现，都是应对当时的问题。从这个意义上而言，任何货币制度都是权宜之计，或者货币制度一直在变动之中——只要你在市场之中，你会发现，你不得不时刻保持学习，才能理解货币，捍卫财富。

货币对人类如此重要，恰恰因为人类生活在不断变动，货币也自然不断在变化。从这个意义上审视数字货币，我们也许可以更看得清其全貌。数字货币似乎与一切技术都可以叠加，从非同质化代币（NFT）、元宇宙到生成式人工智能（AIGC），在层出不穷的各种新鲜事物中，似乎原有体系与经验完全不适用，毕竟多数人都很喜欢赶时髦。但是事实上，越新的东西在互联网时代越容易被淘汰，也更脆弱，因为它们还没有通过时间证明自己的"反脆弱性"。货币也不例外，正如一位对数字货币历史感兴趣的学者芬恩·布伦顿所言，"我们今天看到的很多东西都非常有趣，并不是因为它们具有前瞻性，而是因为它们已经过时了。"[1]

感叹比特币等数字货币今非昔比的同时，你会发现现实世界的变化更大。2008年之后，美国金融危机蔓延全球，中国进一步崛起成为世界经济第二，科技巨头突飞猛进，中美之间也爆发了新一轮贸易摩擦，而全球各国贫富差距冲突进一步加大，俄乌冲突直接宣告了热战时代到来，后疫情时代，不少国家经济政治撕裂不断加大。

在这样的情况下，货币的决绝可以说一触即发，探索美元之外的结算清算体系也成为不少国家的梦想。如今货币战争已经不仅仅是一场国别竞争，各类玩家都参与其中，各种暗流激烈程度不亚于昔日的美苏争霸的星球大战。那么，下一个美元的竞争对手是如欧元之类的超主权货币，还是人民币这样的主权货币，抑或如前英格兰银行行长的马克·卡尼（Mark Carney）等所言，一种全球性的数字货币会取代美元？

事实上，旧的体制没有崩塌，新的体制依旧没有创设，我们刚好正在晦暗不明的新旧之间。不少人急吼吼地宣称新的时代已经来临，有人宣布旧体制已经扼杀新叛乱。一切都存在未知。未来或许最终会到来，但是必然不是这些人预言的形貌，新和旧并不必然对立，货币体系一直处于变动的流动之中。

因此，流动的货币变化中，我们需要找到不变的货币逻辑。

---

[1] 参见 2019 年接受 CoinDesk 采访，https://zhuanlan.zhihu.com/p/99165138。

要理解未来，首先要回到过去。我们习惯把货币与主权挂钩，这其实不过是一两百年才形成的新传统。在过去大部分时间中，货币一直是一个超越地理与主权的竞争游戏，很少有一种货币可以在一个领土上占据绝对地位，多数地方多数情况下是多种货币并行。

一个国家一种货币的概念，最多可以追溯到 19 世纪，和民族国家以及大政府以及现代社会并生。科恩指出，当时各国政府竞相竞争，急于塑造一个强大中央权威领导的统一的经济和政治共同体；对货币的控制也成为关键一环，导致公众可接受的货币逐渐仅限于本国货币，外币的流通逐渐被禁止。为了垄断货币，各国政府主要通过两种方式实施管制，首先是发展自身，也就是促进强劲的国家货币，其次则是打压对手，尤其限制强有力的竞争对手货币在本国的作用。

最典型的就是美国的经验，在 19 世纪中叶之前，很多货币都可以在美国通行无阻——除了墨西哥银元，英国、法国、葡萄牙和巴西的金币也可以在美国流通，这些做法甚至受到 1793 年联邦立法的明确保护；随着美国在 19 世纪中叶推出了自己的新银币和铜币，形势才逐渐变化。1812 年，美国财政部首次发行债券，承诺在未来用黄金或白银支付，这时还没有法定货币。到了 19 世纪 60 年代，南北战争爆发，美国财力吃紧，在 1862 年财年，政府收入仅为 5 200 万美元，赤字超过 4 亿美元。到底是从欧洲选择高额贷款还是自己解决，美国选择了后者。1862 年，美国国会通过了《法定货币法案》，林肯政府发行了"绿背美元"（Greenback），这一纸币不承诺兑换成黄金或白银，但具有法定货币资格，可以用于关税支付以外的任何用途。就这样，美元就成为美国唯一的法定货币。绿背美元作为一种战时的金融政策，在美国开启了统一货币的先声。讽刺的是，直到今天，此举依旧被很多美国学者批判，也成为美国大众对于滥发钞票的恐惧来源之一。

就这样，在各种力量推动之下，国家对于货币领域持续介入。到了 20 世纪中叶，领土货币逐渐成为共识，并且进入国际法。我们站在货币的节点看，很多看似混乱的现象并不新鲜，其实是一种回归，回到两百年前更多元更复杂的竞争格局，回到一个我们已经忘记的原点：货币，原本就是没有多少疆域限定的。

走过货币之旅，其实也是走过人类文明之旅。某种意义上，文明是告别蒙昧的产物，而货币作为一种人类智力的创造发明，不是文明的现象或者条件，它本身是文明之光。货币的发明是人类文明进程中最重要的一环，其意义甚至接近于直立行走、驯化小麦、发明语言。通过货币这个神奇的标记，人类有了债务，有了交换，有了交易，有了信任，也有了更多财富。至于这个标记的形式本身，是依托于美索不达米亚的楔形文字抑或商周青铜，是贝壳胡椒还是金银铜铁，是银行系统还是甚至数字代码，也许没有大家想象的那么重要。

回看人类商业历程，之所以能够在数百年内构建起跨越不同大洋与连接不同大陆的商业网络，依赖的是商业汇票、账本、银行之类的创新。它们所构建的网络基础依旧是信用。这些创新也与货币息息相关，对当时革新意义与生产力的提升，也许并不亚于今天的电子支付与数字货币。

货币有自己的生命力，它不全然是理性构建的产物，而是不断演化迭代的产物；它不仅仅是冷冰冰的一个符号，而是可以自我创造，自我延伸。正如有经济学家所言，货币是一种记忆，或者说货币是属于全体人类的一种伟大集体记忆。也正因此，货币也许是人类最普世的叙事，是新的全民宗教，市场经济越发达，货币文化就越兴旺。正如哲学家齐美尔所言，"在文化发展的最高阶段，货币似乎达到了其力量的巅峰，原因就在于：无数过去不为人知的事物现在都服从于货币的摆布，而过去这些事物对此却难以从命"。

货币何去何从，一切皆有可能。这个问题没有简单的答案，但是我们依旧可以从货币的过去与现状，接近货币的本质，从而预判趋势与可能。货币本身是一个符号系统，来自多个主体之间的互动，其行为特征往往不可预测，它的未来更多来自演化，也基于与自我的对话。正如科技杂志《连线》(*Wired*)的创始主编凯文·凯利（Kevin Kelly，昵称KK）所言，"揭示未来不仅仅是人类的向往，也是任何有机体，也许还是任何复杂系统所拥有的基本性质。有机体存在的目的就是揭示未来"。他认为，复杂系统会给自己讲未来的故事，无论这个"接下来"是以纳秒还是以年计算。[1]

---

[1] 参见凯文·凯利：《失控》，中信出版社 2015 年版。

货币，是一个想象的共同体，信任是其不变的内核，而这种信用被何种媒介传递，其实并不那么重要，无论是金银还是纸张抑或数字代码。它如此成功，让全世界古往今来的数百亿人，无论其性别、种族、语言、价值观，都不得不被裹挟进入一个前所未有的市场网络与价值体系。货币是文明的产物，这意味着货币的胜出，其实也是网络的胜出，文明的胜出。货币是权力，更是权利。无论何时何地，长期来看，哪一种货币能让民众拥有更多便利度以及选择权，哪一种货币就更可能赢，捍卫货币，就是捍卫自由，捍卫财富，捍卫文明。

回到货币的底层逻辑，其起源是债务，其本质是信用，而货币竞争的过程其实也是一个货币不断迭代的过程，这符合大师哈耶克的洞察，"竞争是一个发现的过程"（Competition is a process of discovery）。从这个意义而言，货币制度也是一个只可以被发现很难被创造的产物。另一位看似强调政府作用与哈耶克不太对路的大师凯恩斯，毕生可以说都和货币有缘，无论从理论到投资，他对于金钱的了解远远超过多数经济学家，他很早就强调"使用货币可以取得设法想要取得之物，这是货币唯一有意义的地方"。这与哈耶克不无共通之处。也正因此，无论形式如何、谁来发行，能用的货币就是好货币，谁能被最多的人使用，谁就能占据最高点，谁就是永远的货币之王。

欢迎来到一个货币的动荡年代，这里有向下的混乱，也有向上的阶梯。

衍生阅读与主要参考文献

阿代尔·特纳：《债务和魔鬼》，中信出版社 2016 年版。

阿尔文德·纳拉亚南等：《区块链技术驱动金融》，中信出版社 2016 年版。

保罗·沃尔克、行天丰雄：《时运变迁：世界货币、美元地位与人民币的未来》，中信出版社 2016 年版。

本·伯南克：《行动的勇气》，中信出版社 2016 年版。

本杰明·科恩：《货币的未来》，上海人民出版社 2023 年版。

比尔·莫勒主编，斯特凡·克姆尼切克编：《货币文化史Ⅰ：希腊罗马时期钱币的诞生与权力象征》，文汇出版社 2022 年版。

比尔·莫勒主编：《货币文化史》，文汇出版社 2022 年版。

查尔斯·凯罗米里斯：《人为制造的脆弱性：银行业危机和信贷稀缺的政治根源》，中信出版社 2021 年版。

大卫·G.W.伯奇：《数字货币战争》，中国科学技术出版社 2023 年版。

大卫·格雷伯：《债：5000 年债务史（增订典藏版）》，中信出版社 2021 年版。

菲利克斯·马汀：《货币野史》，中信出版社 2015 年版。

格奥尔格·弗里德里希·克纳普：《货币国定论》，商务印书馆 2023

年版。

金德尔伯格:《西欧金融史》,中国金融出版社 2007 年版。

卡洛·M. 奇波拉:《地中海世界的货币、价格与文明:5—17 世纪》,上海书店出版社 2023 年版。

卡门·M. 莱因哈特、肯尼斯·S. 罗格夫:《这次不一样:八百年金融危机史》,机械工业出版社 2010 年版。

L. 兰德尔·雷:《现代货币理论》,中信出版社 2017 年版。

马克斯·韦伯:《经济与社会》,上海人民出版社 2019 年版。

米尔顿·弗里德曼:《货币的祸害》,商务印书馆 2006 年版。

米尔顿·弗里德曼:《资本主义与自由》,商务印书馆 2004 年版。

佩里·梅林:《新伦巴底街:美联储如何成为了最后交易所》,格致出版社 2011 年版。

彭信威:《中国货币史》,上海人民出版社 2022 年版。

乔希·瑞安-柯林斯等:《货币从哪里来?》,中信出版社 2022 年版。

托马斯·利文森:《南海泡沫与现代金融的诞生》,中国人民大学出版社 2023 年版。

威廉·N. 戈兹曼:《价值起源》,万卷出版公司 2010 年版。

王健:《还原真实的美联储》,浙江大学出版社 2013 年版。

西美尔:《货币哲学》,华夏出版社 2018 年版。

徐瑾:《白银帝国:一部新的中国货币史》(修订版),上海人民出版社 2023 年版。

徐瑾:《货币王者:中央银行如何制造与救赎金融危机》,上海人民出版社 2022 年版。

亚当·斯密:《国富论》,商务印书馆 2014 年版。

约翰·肯尼思·加尔布雷思:《金钱》,中信出版社 2023 年版。

约翰·兰彻斯特:《金融的秘密》,中国民主法制出版社 2019 年版。

约翰·梅纳德·凯恩斯:《货币论》,陕西师范大学出版总社 2008 年版。

约翰·梅纳德·凯恩斯:《劝说集》,中国人民大学出版社 2016 年版。

张五常:《经济解释》,中信出版社 2014 年版。

图书在版编目(CIP)数据

货币简史:从贝壳金银到数字货币/徐瑾著. —
上海:上海人民出版社,2024
ISBN 978-7-208-18936-2

Ⅰ.①货…　Ⅱ.①徐…　Ⅲ.①货币史-世界　Ⅳ.
①F821.9

中国国家版本馆 CIP 数据核字(2024)第 108351 号

责任编辑　钱　敏　项仁波
封面设计　陈绿竞

货币简史:从贝壳金银到数字货币
徐　瑾 著

出　　版　上海人民出版社
　　　　　　(201101　上海市闵行区号景路 159 弄 C 座)
发　　行　上海人民出版社发行中心
印　　刷　上海盛通时代印刷有限公司
开　　本　890×1240　1/32
印　　张　8.75
插　　页　21
字　　数　165,000
版　　次　2024 年 8 月第 1 版
印　　次　2024 年 8 月第 1 次印刷
ISBN 978-7-208-18936-2/F·2876
定　　价　65.00 元